Humor und gute Laune

W0236876

Günter Wagner

Humor und gute Laune

Lustige
Vorträge und Reden
für bunte Abende
und andere Feste

Möller
VERLAG

Bitte beachten Sie unseren Hinweis auf weitere Humortitel im Möller-Programm am Ende dieses Buches.

Die Deutsche Bibliothek – CIP-Einheitsaufnahme

Wagner, Günter:
Humor und gute Laune : lustige Vorträge und Reden für bunte Abende und andere Feste / Günter Wagner. – Niedernhausen/Ts. : Möller, 1994
ISBN 3-8159-0044-1

ISBN 3 8159 0044 1

© 1994 Genehmigte Ausgabe für W. Möller Verlag, 65527 Niedernhausen/Ts.
© der Originalausgabe by Falken-Verlag GmbH, 65527 Niedernhausen/Ts.
Die Verwertung der Texte und Bilder, auch auszugsweise, ist ohne Zustimmung des Verlags urheberrechtswidrig und strafbar. Dies gilt auch für Vervielfältigungen, Übersetzungen, Mikroverfilmung und für die Verarbeitung mit elektronischen Systemen.
Umschlaggestaltung: Peter Pinzer
Titelbild: Bernd Eisert, Blaustein
Vignetten: Peter Beckhaus, Wiesbaden
Satz: FROMM Verlagsservice GmbH, Idstein
Druck: Ebner Ulm

817 2635 4453 6271

INHALT

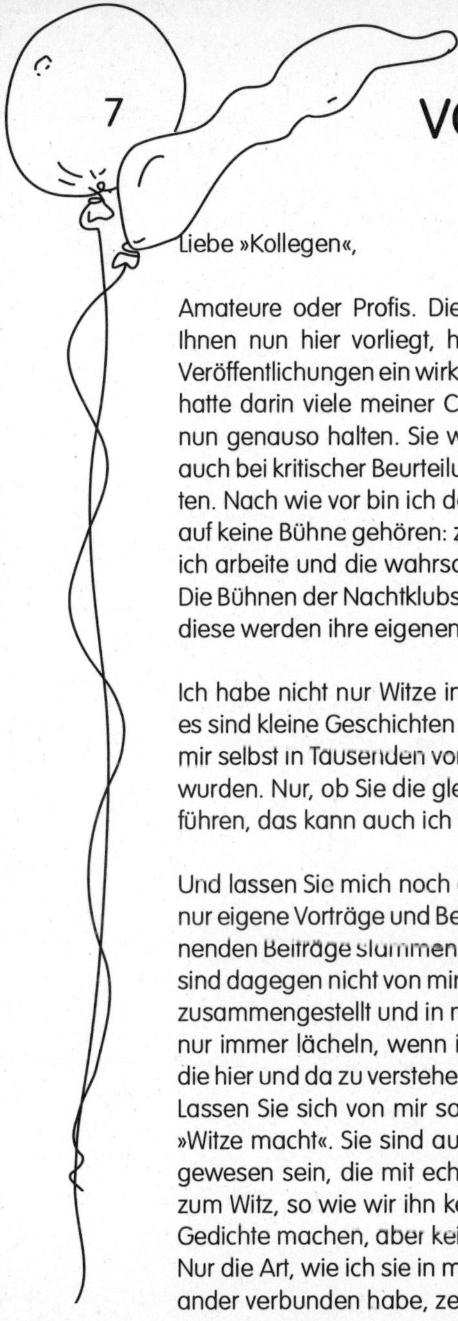

VORWORT

Liebe »Kollegen«,

Amateure oder Profis. Dieses Buch meiner heiteren Vorträge, das Ihnen nun hier vorliegt, habe ich geschrieben, weil meine ersten Veröffentlichungen ein wirklich beachtliches Echo gefunden hatten. Ich hatte darin viele meiner Conférencen zusammengefaßt und will es nun genauso halten. Sie werden wieder keine Dinge finden, die Sie auch bei kritischer Beurteilung »unter der Gürtellinie« einordnen könnten. Nach wie vor bin ich der Ansicht, daß Zoten und Schlüpfrigkeiten auf keine Bühne gehören: zumindest nicht auf die Bühnen, auf denen ich arbeite und die wahrscheinlich auch Ihr Arbeitsfeld sein werden. Die Bühnen der Nachtklubs sind hier sicher nicht angesprochen, denn diese werden ihre eigenen Gesetze schreiben.

Ich habe nicht nur Witze in Conférencen zusammengefaßt, sondern es sind kleine Geschichten und Plaudereien, die in dieser Version von mir selbst in Tausenden von Veranstaltungen erfolgreich vorgetragen wurden. Nur, ob Sie die gleichen Dinge zu einem ebensolchen Erfolg führen, das kann auch ich Ihnen nicht vermitteln.

Und lassen Sie mich noch etwas sagen. Natürlich habe ich hier nicht nur eigene Vorträge und Beiträge verarbeitet. Alle in Versform erscheinenden Beiträge stammen aus meiner Feder. Die Witze und ähnliches sind dagegen nicht von mir. Ich habe sie gehört, gelesen, gesammelt, zusammengestellt und in meine Conférencen eingebunden. Ich muß nur immer lächeln, wenn ich Leute höre, auch aus Kollegenkreisen, die hier und da zu verstehen geben, daß dies oder jenes »ihr« Witz sei. Lassen Sie sich von mir sagen, daß sich keiner hinsetzen kann und »Witze macht«. Sie sind auf einmal da: Es mag nur eine Bemerkung gewesen sein, die mit echtem Mutterwitz spontan gefallen ist, aber zum Witz, so wie wir ihn kennen, erst dann geformt wird. Man kann Gedichte machen, aber keine Witze. Also, um es nochmals zu sagen: Nur die Art, wie ich sie in meinen Conférencen eingebaut und miteinander verbunden habe, zeigt meine Handschrift.

Und nun wünsche ich Ihnen mit diesem Buch viel Freude. Wann immer Sie auf der Bühne stehen, um etwas vorzutragen, sollten Sie jedesmal froh sein, wenn Sie das bißchen mehr oder weniger starke Herzklopfen spüren, das Ihnen zeigt, daß Sie Lampenfieber haben. Wie ich über dieses Thema denke, lesen Sie gleich in meinem ersten Beitrag. Und der ist wirklich »original«. Ich wünsche Ihnen also toi, toi, toi und verbleibe mit kollegialen Grüßen

Ihr
Günter Wagner

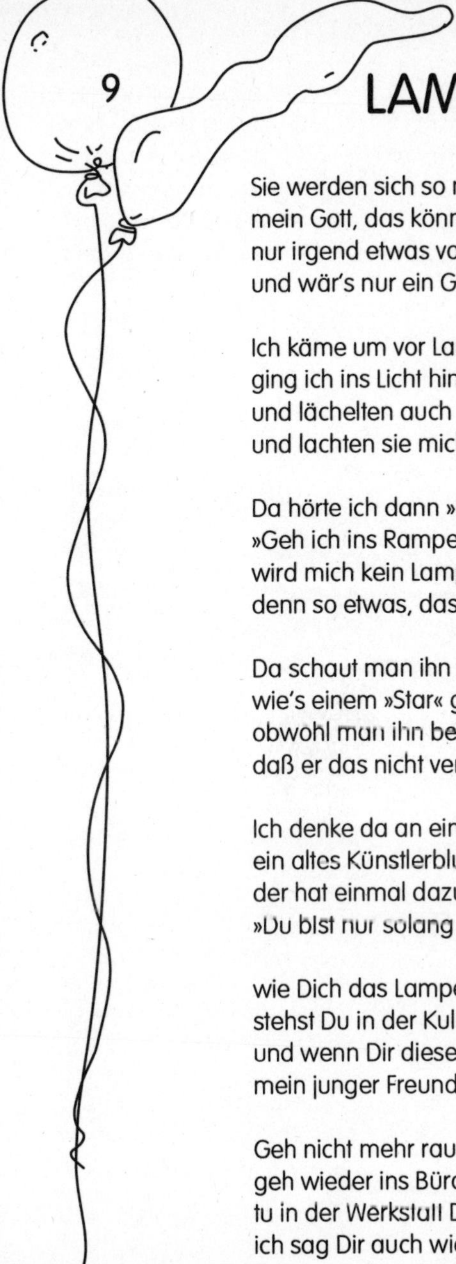

9 LAMPENFIEBER

Sie werden sich so manchmal sagen,
mein Gott, das könnt ich nicht,
nur irgend etwas vorzutragen
und wär's nur ein Gedicht.

Ich käme um vor Lampenfieber,
ging ich ins Licht hinaus
und lächelten auch alle drüber
und lachten sie mich aus.

Da hörte ich dann »Künstler« sagen:
»Geh ich ins Rampenlicht,
wird mich kein Lampenfieber plagen,
denn so etwas, das kenn ich nicht.«

Da schaut man ihn bewundernd an,
wie's einem »Star« gebührt,
obwohl man ihn bedauern kann,
daß er das nicht verspürt.

Ich denke da an einen Freund
ein altes Künstlerblut,
der hat einmal dazu gemeint:
»Du bist nur solang gut

wie Dich das Lampenfieber quält,
stehst Du in der Kulisse,
und wenn Dir dieses einmal fehlt,
mein junger Freund, dann wisse:

Geh nicht mehr raus ins Rampenlicht,
geh wieder ins Büro,
tu in der Werkstatt Deine Pflicht,
ich sag Dir auch wieso:

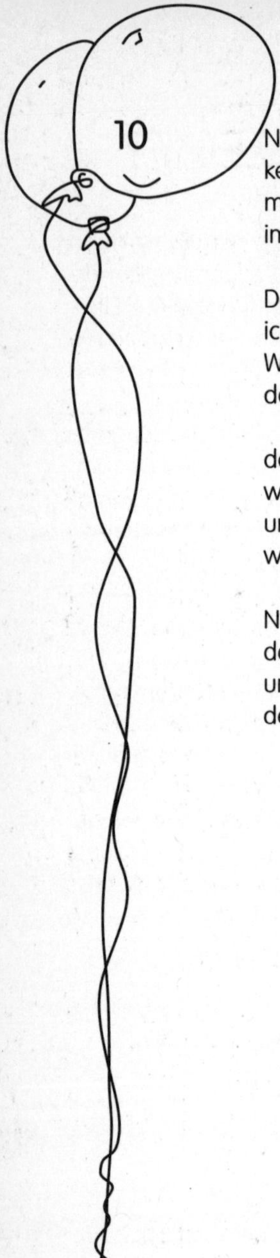

Nur wer sein Herz zur Bühne bringt,
kennt Lampenfieberschmerzen,
mit Herz man Herzen sich erringt
im Schein der tausend Kerzen.«

Der alte Mime hat's gesagt,
ich hab es nie vergessen.
Wenn mich mein Lampenfieber plagt,
dann kann ich erst ermessen,

daß ich stolz bin auf mein Lampenfieber,
wenn ich im Lichte steh
und jetzt, jetzt lächeln Sie darüber,
weil ich kein Routinier.

Nun wissen Sie's, es ist was dran,
daß man die Bühne liebt
und den Beruf nicht missen kann,
den schönsten, den es gibt.

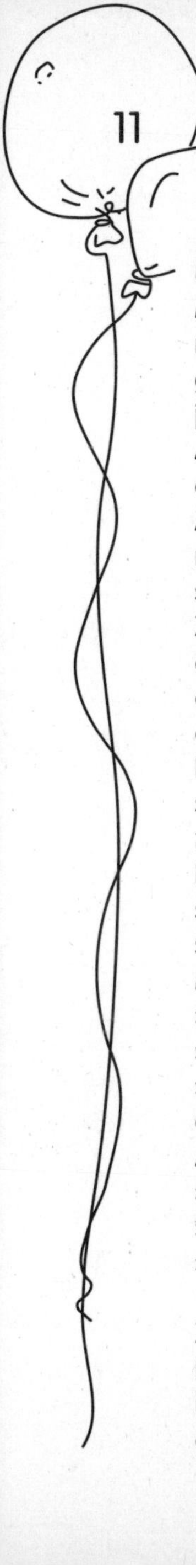

11 GENERATIONSPROBLEME?

Man ist ja heute allzu schnell mit der Verallgemeinerung zur Hand: ja, diese Jugend. Das sollte man so nicht sagen. Ich bin der Meinung, daß das Gehorsamsverhältnis zwischen Kindern und Eltern noch nie so gut war wie gerade jetzt. Oder haben Sie schon einmal gesehen, daß Eltern ihren Kindern so gehorcht haben, wie gerade jetzt?

Aber Spaß beiseite. Natürlich geben die Älteren und die Jüngeren einander Probleme auf, und sie müssen irgendwie gelöst werden. Aber dazu müssen wir alle, ich sagte alle, Vorurteile und Verallgemeinerungen ablegen. Es ist nicht »die Jugend«, es sind nicht die »Alten«, sondern immer nur ein Teil derselben.

Zum Beispiel: Wie oft hört man, wenn Ältere über die langen Haare der Jugendlichen, vorwiegend der jungen Männer schimpfen. Warum eigentlich? Können Sie mir einen vernünftigen Grund nennen? Das einzige, worum ich junge Männer mit sogenannter »Mähne« immer bitte, ist ganz einfach: Laßt Eure Haare pflegen, und kein Mensch wird sich dann daran stören. Es gehen im übrigen viel mehr junge Männer zum Friseur als Sie glauben. Ich saß kürzlich da, als ein junger Mann hereinkam, zugegeben, mit einem Wald von Haaren. Aber er war schließlich beim Friseur, was ich ja als positiv ansehen mußte. Er setzte sich also hin, der Friseur fing an zu schneiden und sagte nach ein paar Minuten:

»Wie hätten Sie gerne die Haare geschnitten?«

»Wie beim letzten Mal«, sagte der junge Mann.

»Das tut mir leid«, sagte der Friseur, »das weiß ich nicht, denn ich bin erst 4 Jahre hier.«

Auf einmal sagte er:

»Was sehe ich, Sie waren ja bei der Marine?«

»Woher wissen Sie das?« sagte der junge Mann.

»Ich habe soeben Ihre Mütze gefunden.«

Zugegeben, daß dies ein Extremfall ist, aber er kommt natürlich vor. Nicht jeder, der mit langen Haaren herumläuft, muß gleich ein Gammler sein. Ein Vertreter dieses Typs von Mensch stand kürzlich neben mir an der Fußgängerampel mit einem zweiten Exemplar seiner Sorte.

Neben ihm aber war eine Ordensschwester, die ein Bein in Gips trug. Sie werden es nicht glauben, aber der eine Gammler nahm die Schwester am Arm und führte sie über die Straße. Und während er neben ihr herging, fragte er sie:
»Was haben Sie mit Ihrem Bein gemacht, Schwester?«
»Ich bin ausgerutscht und habe mir in der Badewanne das Bein gebrochen.«
Da sagte der zweite Gammler zum anderen:
»Badewanne, was ist denn das?«
»Weiß ich nicht«, sagte der erste, »ich bin ja nicht katholisch.«

Wie ich schon sagte, Probleme wird es immer geben. Ich denke dabei gerade an eine Familie, die ein Problem hatte, das für mich allerdings keines wäre. Lassen Sie mich es Ihnen erzählen, mit dem Hinweis, daß hier erkennbar ist, daß auch gutgemeinte Ratschläge in die Hose gehen können. Das Problem dieser Familie liegt in ihrem katholischen Glauben. Denn wen hatte die 19jährige Tochter kennengelernt? Einen evangelischen jungen Mann. Wie gesagt, für mich wäre es kein Problem, aber dort ist es eines, und damit muß man leben. Die Tochter sagte nun eines Tages:
»Vati, Mutti, Herbert und ich wollen uns verloben und heiraten.«
Da sagte die Mutter:
»Ich habe Dir immer gesagt, Herbert ist ein lieber und netter Junge, aber heiraten geht nicht, denn er ist nicht katholisch.«
»Dann werde ich unglücklich und gehe ins Wasser«, sagte die Tochter.
Da schaltete Vater sich ein und meinte:
»Geh, eine Gans kann doch schwimmen.«
Die Mutter fuhr wie eine Furie auf ihn los und sagte:
»Halte Dich da raus, das machen wir Frauen unter uns aus. Geh zu ihm, mein Kind, erzähle ihm von unsrer großen Kirche, von ihrer Tradition und Geschichte, von ihren Märtyrern und Heiligen. Überzeuge ihn, dann könnt Ihr auch heiraten.«
Da ging die Tochter fort zum Überzeugen, und als sie wiederkam, fragte die Mutter gespannt:
»Hast Du ihm alles erzählt, hast Du ihn überzeugen können?«
»Ja«, sagte die Tochter, »restlos.«
Da meinte die Mutter: »Sehr gut, dann könnt Ihr ja auch heiraten!«
»Jetzt will er nicht mehr«, sagte die Tochter, »jetzt geht er ins Kloster.«

Ja, ja man hat schon seine Probleme mit den Kindern. Und wenn man daran denkt, daß Eltern mit mehreren Kindern diese Probleme zwei- und dreifach haben, kann man eine Gänsehaut bekommen. Bei einer befreundeten Familie saß kürzlich beim Fernsehen der Vater plötzlich ohne Bier da. Er sagte zur Tochter von 17 Jahren:
»Hol mir mal eine Flasche Bier da vorne in der Wirtschaft.«
»Oh, Vati«, sagte sie, »ich habe meine Nägel frisch gelackt, schick doch den da.«
Und sie deutete auf den Bruder von 16 Jahren.
»Wieso ich«, sagte der, »wenn die zu faul ist?«
Da sagte der Kleine von 12 Jahren zum Vater:
»Jetzt mußt Du Dein Bier selbst holen, da kannst Du mir grad ein Päckchen Zigaretten mitbringen.«

Das muß einen Vater ja aus den Schuhen heben. Keine Frage. Aber eines haben wir doch heute den Eltern damaliger Zeiten voraus. Wir haben von der Schule ein Problem abgenommen bekommen, mit dem sich unsere Eltern und auch wir noch teilweise sehr schwergetan haben. Ich spreche von der Aufklärung. Erinnern Sie sich, was wir den Kindern für einen Käse erzählt haben, um ihnen die natürlichsten Vorgänge des Lebens zu erklären? Bienen, Blümchen, sogar der Klapperstorch mußte uns in unserer Verklemmtheit helfen. Dabei kann heute in der Schule jeder Schüler der 5. Klasse mit Taschenrechner ausrechnen, daß die Spannweite der Storchenflügel überhaupt nicht ausreicht, um acht Pfund zu tragen. Aber damals haben wir es nicht anders gewußt, und die Kinder haben es ja auch geschluckt. Heute, wie ich schon sagte, hat die Schule uns das Problem abgenommen, und es passiert keiner Mutter mehr, daß sie in puncto Aufklärung in Schwierigkeiten gerät. Denken Sie an jene Mutter, die eines Tages zu ihrem Mann sagte:
»Otto, wir müssen dem Peter etwas sagen. Der ist fast 15 Jahre und fragt so komisch.«
Daraufhin der Vater:
»Das mach Du bitte allein, mir ist es peinlich.«
»Kommt überhaupt nicht in Frage«, sagte die Mutter, »das ist Dein Sohn genauso, wie es meiner ist. Wir teilen uns das Ganze. Ich erzähle ein bißchen, dann erzählst Du ein bißchen, dann ich wieder, dann Du wieder, und so wird es schon gehen.«

Am Abend rief sie ihren Sprößling herein und sagte:
»Es wird Zeit, daß Du es endlich erfährst: Du bist nicht vom Storch gebracht.«
»Na, das haut mich ja vom Schlitten«, sagte der Junior, »wo bin ich denn dann hergekommen?«
»Du bist unter meinem Herzen gewachsen«, sagte die Mutter.
»Und wie bin ich da hingekommen?« fragte der Sohn.
Da sagte die Mutter, indem sie auf den Vater zeigte:
»Otto, komm her, jetzt bist Du dran.«

Man hat es nicht leicht; das ist gar keine Frage. Wenn man nämlich mit seinen Kindern ein wirkliches Vertrauensverhältnis hat, dann kriegt man ja alles so mit, was sich im heranwachsenden Leben der Kinder abspielt. Auch die ersten Lieben, die ersten Enttäuschungen. Ich denke dabei an jenes junge Mädchen, das voller Aufregung zur Mutter kam und sagte:
»Stell Dir vor, Mama, der Hubert, der Sohn vom großen Papierfabrikanten, liebt mich. Er hat mich eingeladen, am Sonntag auf seiner Jacht auf den See hinauszufahren.«
Als der Sonntagabend herangekommen war, erlebte die Mutter eine zusammengebrochene Tochter. Und sie fragte:
»Wie war's denn?«
»Ach«, sagte die Tochter in Tränen, »fürchterlich. Die Jacht war viel kleiner als ich dachte, und ich mußte dauernd rudern.«

Trotzdem, ich glaube, wir würden alle nicht gerne auf die Erinnerungen der ersten Lieben verzichten wollen. Eine schöne Zeit. Aber natürlich hat sich auch hier mit der heutigen Generation etwas geändert. Das sollte man den jungen Leuten nicht zum Vorwurf machen. Da sich die Zeiten geändert haben, haben sich die jungen Menschen dieser Zeit angepaßt. Völlig zu Recht, wie ich glaube. Und um Ihnen zu zeigen, wie sehr die Zeiten sich geändert haben, habe ich ein Thema herausgesucht, das aktuell war, aktuell ist und immer bleiben wird.
Das Thema der Liebesbriefe. Es gab sie immer, es wird sie immer geben, denn merkwürdigerweise läßt sich manchmal etwas schreiben, das zu sagen man nicht in der Lage ist. Aber der Stil eines Briefes unterliegt genau solchen Veränderungen, wie dies bei den Menschen der Fall ist. Und deshalb habe ich hier vier Liebesbriefe aus vier

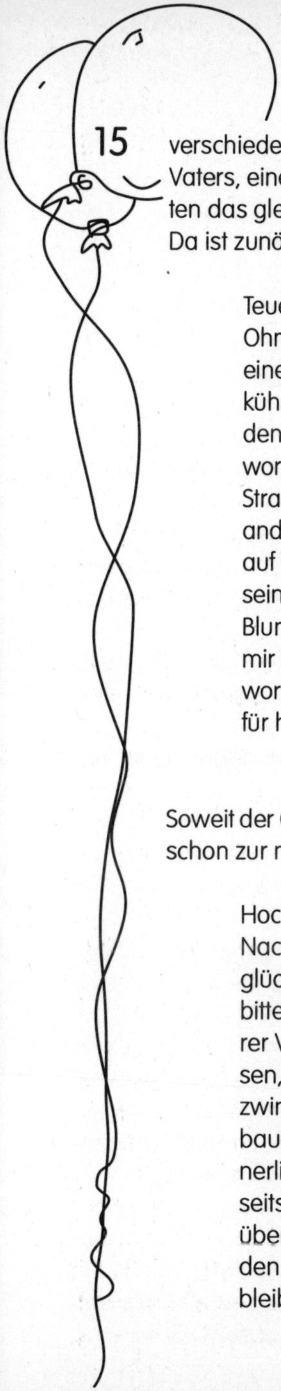

verschiedenen Generationen. Der Liebesbrief eines Großvaters, eines Vaters, eines Sohnes und eines Enkels. Alle vier wollen der Angebeteten das gleiche sagen – und trotzdem sagen es alle anders.
Da ist zunächst der Brief des Großvaters. Er schrieb damals etwa so:

> Teuerste Freundin.
> Ohngeachtet der geringen Verdienste, die ich um die Liebe eines so edlen Herzens wie des Ihren erwerben durfte, erkühne ich mich zu der Frage, ob Sie gewillt sind, mit mir in den heiligen Stand der Ehe einzutreten. Damit Sie Ihre Antwort in Ruhe überdenken können, darf ich Sie bitten, diesen Strauß roter Rosen aus meiner eigenen Züchtung zu jenen anderen Blumen zu stellen, die ich glühend beneide, weil sie auf dem Fenster Ihres Schlafzimmers immer in Ihrer Nähe sein dürfen. Verzeihen Sie, daß ich kein Dichter bin, diese Blumen mit einem geeigneten Vers zu versehen. Ich erhoffe mir aber ein »Ja«, verehrteste Freundin und werde dieser Antwort mit glühendem Herzen entgegenfiebern. Ich verbleibe für heute in unverbrüchlicher Treue immer Ihr
>
> Theophil.

Soweit der Großvater. Der Vater will das gleiche sagen, aber er gehört schon zur nächsten Generation. Er schreibt etwa so:

> Hochverehrtes Fräulein Mathilde.
> Nach meiner Promotion zum Doktor jur. bin ich endlich in der glücklichen Lage, eine standesgemäße Ehe zu führen und bitte Sie hierdurch in aller Form um Ihre Hand. Den Tag unserer Vereinigung wollen wir Ihren geschätzten Eltern überlassen, an die ich natürlich noch gesondert schreibe. Zwar zwingt mich mein Beruf, abseits der Hauptstadt ein Haus zu bauen, doch bin ich gewiß, daß ein Mensch mit Ihrer verinnerlichten Veranlagung in der Lage ist, auch in einem abseits gelegenen Flecken unseres alles beschützenden und über alles geliebten deutschen Vaterlandes sein Glück zu finden. Ich erhoffe mir ein »Ja«, geehrtes Fräulein Mathilde, und bleibe immer Ihr treuer
>
> Wilhelm.

Die hießen damals alle noch Wilhelm.
Wie anders wieder schreibt nun der Sohn, die nächste Generation. Hören wir, wie er formuliert, was wir hier schon so blumenreich gehört haben.

> Liebe Hildegard.
> Ich muß Dir eine gute Nachricht übermitteln. Die Verhandlungen mit der Fertigbaufirma sind abgeschlossen. Nur sind die Lieferfristen länger geworden. Was hälst Du davon, wenn wir Weihnachten heiraten? Sprich doch einmal mit Deinen Eltern darüber, und ob sie uns vielleicht das Eßzimmer geben, sie haben es lange genug gehabt. Ruf mich deswegen sofort an. Vielleicht besuche ich Dich am Samstag. Wir wohnen ja nur zwei Straßen auseinander. Wenn ich komme, bringe ich Dir für Dein rotes Kleid etwas Hübsches mit. Einen lieben Kuß bis demnächst, immer Dein
>
> Adolf.

Die hießen damals noch alle … na ja, Sie wissen schon.
Und nun die vierte Generation. Ein moderner junger Mann, der zwar einem Mädchen sehr zugetan ist, es ihr auch schreiben will, aber nicht mehr so, wie Großvater, Vater und Sohn, eben sein Vater, es getan haben. Der schickt also seiner Auserwählten ein Telegramm und schreibt darin:

> Hallo, Puppe, schlage vor, ab Donnerstag drei Tage Schwarzwald stop alles getrennte Kasse stop jedoch alles übrige gemeinsam.
>
> Jonny.

Dies, meine Damen und Herren waren Liebesbriefe oder besser gesagt schriftliche Liebesbezeugungen aus vier verschiedenen Generationen. So ändern sich die Zeiten …

Das sieht im Moment alles ein bißchen kalt und nüchtern aus. Aber so sind sie wieder nicht, unsre jungen Leute. Junge Mädchen z. B. warten nicht mehr, bis man sie »erobert«, sondern sie sind selbstbewußter geworden. Nehmen Sie als Beispiel folgende Geschichte.

In einer Diskothek wird ein junges Mädchen von einem Jungen »angemacht« mit den Worten:
»Trinkste eine Cola mit mir?«
»Nein danke«, sagte sie.
»Du verstehst mich nicht«, sagte der Junge, »ich lade nicht jede ein.«
»Ganz klar«, sagte die Kleine, »ich lehne auch nicht bei jedem ab.«

Ganz schön clever, wie? Und trotzdem, so ganz allmählich finden sie sich alle wieder zur Romantik hin, auch wenn es nicht so scheint. Zärtlichkeit und Händchenhalten sind wieder »in«.
Ich denke dabei an das junge Liebespaar, das unter der Haustür stand und Dinge tat, die Liebespaare zu allen Zeiten getan haben. Da geht oben das Fenster auf, die Oma guckt raus und sagt:
»Müßt Ihr denn jeden Abend hier unten im Hausgang stehen? Wenn Ihr wüßtet, wie schön warm es im Bettchen ist, würdet Ihr so etwas bestimmt nicht tun.« Sie sehen also, Ratschläge sollte man genau überdenken, damit sie nicht das Gegenteil bewirken.

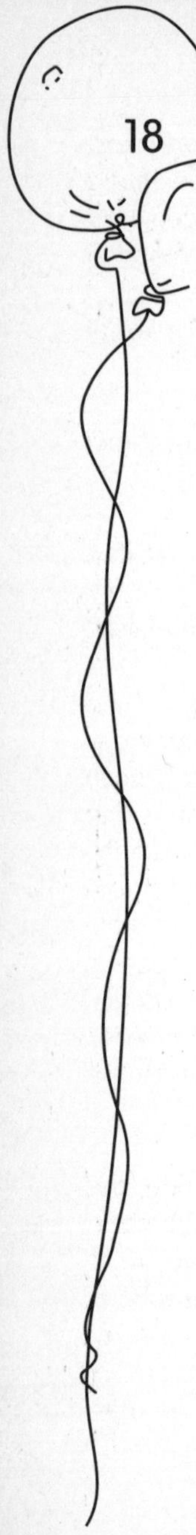

ICH STEH' DA DRÜBEN

Ich werde manchen Autofan jetzt bis ins Mark treffen, wenn ich ein paar Worte über des Deutschen liebstes Kind verliere: das Auto. Wenn man am Wochenende durch die Straßen fährt, sieht man sie dort stehen. Mit Wasserschlauch, Poliermittel, Teerentferner, Chrommittel, Staubsauger und anderen Utensilien, mit denen sie ihr Allerheiligstes verhätscheln. Manchmal denke ich dabei, ob sie die gleiche Fürsorge und Hingabe auch für ihre Frau einsetzen? Bei anderen Nationen und deren Menschen ist es anders. Sie betrachten ein Auto als das, was es wirklich ist – ein Gebrauchsgegenstand und nicht etwa eine anspruchsvolle Geliebte. Wie sehr gerade der deutsche Autofahrer sich mit seinem Untersatz identifiziert, erkennen Sie schon an den Worten, die er benutzt, wenn er in die Situation gerät, einen Bekannten, den er in der Stadt trifft, mitnehmen zu wollen.
Er sagt dann nicht etwa:
»Mein Wagen steht dort drüben!«
Nein, er sagt:
»Kommen Sie, i c h steh' da drüben.« (Siehe Überschrift)

Natürlich habe auch ich ein Auto, da ich vor der Stadt wohne und ohne fahrbaren Untersatz meinen Beruf nicht ausüben könnte. Es ist kein großer Wagen, gelb gestrichen, die Leute werfen immer Briefe rein, wenn ich ihn parke, und er braucht im Stehen etwa einen Liter Öl. Es ist manchmal unangenehm, wenn ich irgendwo halte. Dann kommt sehr oft ein Polizist und fragt, ob ich den Unfall schon gemeldet hätte.

Nun sind Polizisten auch nur Menschen und ständig im Streß. Ich habe mir sogar erzählen lassen, daß in einer Großstadt – der Name spielt keine Rolle – die Polizisten angehalten werden, jeden Tag mindestens drei gebührenpflichtige Verwarnungen einzubringen.
Und so erging es auch jenem Wachtmeister, der abends zum Dienstschluß ins Revier kam. Der Vorgesetzte sagte:
»Sie wollen doch nicht etwa Feierabend machen? Sie haben ja nicht eine gebührenpflichtige Verwarnung heute gemacht. Machen Sie die drei vorgeschriebenen Dinger, und dann können Sie nach Hause gehen.«

Der Polizist war sauer. Schließlich hatte er schon neun Stunden Dienst hinter sich, und in der entsprechenden Weise ging er auf die Straße mit dem festen Willen, die drei »Dinger« schnellstens zu bringen. Und so sah er plötzlich Hochwürden mit seinem Fahrrad daherkommen. Er hielt ihn an und sagte zu ihm:
»Es tut mir leid, Hochwürden, aber Sie fahren ohne Licht, das kostet 20,– DM.«
Er kassierte und sagte dann plötzlich:
»Wie ich sehe, haben Sie auch keine Bremse, das kostet nochmal 20,– DM.«
Der Pfarrer zahlte und meinte:
»Ich brauche eigentlich keine Bremse und kein Licht. Denn mit mir fährt der Herr.«
»So«, sagte der Polizist, »zwei Mann auf einem Fahrrad, das kostet noch einmal 20,– DM.«

Nun wissen Sie ja sicher, daß man vor vielen Jahren den Begriff des Kavaliers am Steuer geprägt hat. Ich habe immer versucht, nach diesen Maximen zu leben. Aber irgendwie hat mir ein Erlebnis in den vergangenen Tagen den Glauben an die Menschheit genommen. Ich fuhr mit meinem Wagen über die Landstraße, als ich plötzlich am rechten Straßenrand eine entzückende junge Dame bei ihrem Auto stehen sah, Kofferraumdeckel aufgeklappt und einen Wagenheber in der Hand. Ich hielt natürlich sofort, sprang aus dem Wagen und fragte, ob ich helfen könne. Sie erklärte mir, daß sie einen Plattfuß am Reifen habe und sie so etwas noch nie repariert hätte. Ich zog den Mantel aus, rollte die Ärmel hoch und sagte beruhigend:
»Das werden wir gleich haben.«
Ich setzte den Wagenheber an, schraubte das kaputte Rad ab, das intakte an, riß mir einen Winkel in die Hose, brach mir zwei Fingernägel ab, beschmierte eines meiner besten Hemden mit Öl und sah auch im Gesicht nicht gerade frisch gewaschen aus. Mit einem bezaubernden Lächeln stand die Fahrerin neben dem Wagen, verfolgte alles mit großen Augen und säuselte dann, daß sie mir sehr dankbar wäre. Ich fing an, den Wagen vom Wagenheber herunterzulassen, als sie sagte:
»Lassen Sie ihn bitte nicht so aufbumsen, damit mein Mann nicht wach wird. Er schläft auf dem Rücksitz.«

Trotzdem, man kann natürlich nicht jetzt generell jede Hilfeleistung ablehnen, denn was wäre dann aus jener jungen Ordensschwester geworden, die mit ihrem Kleinwagen auf der Landstraße stehenblieb, als ihr das Benzin ausgegangen war. Da sie gerade neben einem Campingplatz hielt, ging sie durch das Gebüsch auf den ersten Wohnwagen zu und fragte, ob jemand etwas Benzin habe. Keiner hatte einen Reservekanister, aber ein Camper erbot sich, mit einem Schlauch aus seinem Tank etwa einen Liter abzusaugen, damit sie wenigstens bis zur nächsten Tankstelle komme. In Ermangelung eines Gefäßes gab er ihr den kleinen Nachttopf des Enkelkindes, das im Wohnwagen schlief. Mit diesem Nachttopf und dem Liter Benzin ging die Schwester zurück, trat aus dem Gebüsch auf die Straße und fing an, das Benzin einzufüllen. Da hielt ein Fernfahrer neben ihr, kurbelte die Scheibe herunter, sah mißtrauisch auf den Nachttopf und sagte: »Menschenskind, Schwester, Ihren Glauben möchte ich haben.«

Es gibt, wie Sie wissen, eine Automarke auf der Welt, von der man weiß, daß sie das Auto der Superlative ist. Zwei verschlungene R sind das Symbol des Nonplusultra auf dem Gebiet des Automarktes. Man sagt ja, daß man in einem Rolls-Royce während der Fahrt nur durch das Ticken der Uhr gestört wird. Fest steht, daß der Besitzer lebenslange Garantie auf einen solchen Wagen hat. Und darüber gibt es eine hübsche Story.
Ein Industrieller aus England war mit seinem Wagen, eben einem Rolls-Royce, auf der Fahrt nach Italien. In den Alpen brach die Vorderachse. Der Chauffeur schickte ein Telegramm an Rolls-Royce nach London, ein Monteur wurde mit einer Ersatzachse per Flugzeug nach München geschickt und von dort aus mit Hubschrauber zum defekten Wagen. Er tauschte die Achse aus und flog zurück. Als der Industrielle nach drei Monaten wieder in England angekommen war, erwartete er unter der vielen Post auch die Rechnung. Es war keine da. Er wartete noch vier Wochen, dann schrieb er der Firma, er habe in den Alpen anläßlich eines Achsbruchs ihre Dienste in Anspruch nehmen müssen und fände keine Rechnung vor, man möge ihm bitte eine schicken. Nach drei Tagen erhielt er einen Brief der Fa. Rolls-Royce, in dem sie ihm mitteilte, daß es sich um einen Irrtum handeln müsse, denn, so schloß der Brief: »… an einem unserer Wagen wird es keinen Achsenbruch geben.« Das ist Kulanz? Was?

Natürlich ist der Kreis derer, die ein solches Auto fahren können, sehr begrenzt. Ich habe einmal aus Interesse den Genfer Autosalon besucht, und unter anderen fand ich auch den Stand von Rolls-Royce. Da ich in einer etwas prekären Lage war, ging ich zu dem Stand hin. Der dort Dienst tuende Herr, der eine entfernte Ähnlichkeit mit einem britischen Lord hatte, fragte mich, ob er mir helfen könne.
Ich sagte:
»Können Sie mir bitte sagen, wo die Toilette ist?«
Da sprang er auf, verbeugte sich und sagte:
»Aber selbstverständlich, mein Herr, ich werde Sie persönlich hinbringen, denn dies ist die erste ernsthafte Anfrage seit acht Tagen.«

Zum Schluß noch eine kleine Geschichte aus London, aus dem Geschäft, in dem Rolls-Royce zum Verkauf ausgestellt sind. Im Fenster stand ein Luxusmodell dieser Firma und vor dem Schaufenster ein interessiert schauender Herr. Er betrat den Laden, der Verkäufer kam auf ihn zu, und da sagte der Kunde:
»Sagen Sie, der Wagen draußen, was kostet er?«
»Der Wagen kostet«, sagte der Verkäufer mit Tremolo in der Stimme, »der Wagen kostet 40 000 Pfund.«
»In Ordnung«, sagte der Kunde, »ich kaufe ihn. Schicken Sie ihn mir bitte nächste Woche zu.«
Er zog ein Scheckbuch und fing an zu schreiben. Da entdeckte er plötzlich über der Stoßstange am Kühler ein Loch.
Verwundert fragte er:
»Was ist denn das für ein Loch?«
»Dies«, sagte der Verkäufer, »ist für die Kurbel vorgesehen. Falls der Wagen einmal nicht anspringt, kann Ihr Chauffeur …«
»Wie bitte«, sagte der Herr und steckte das Scheckbuch ein, »Sie wollen andeuten, daß es vorkommen könnte, daß dieser Wagen für 40 000 Pfund nicht anspringt?«
Dem Verkäufer trat der Schweiß auf die Stirn. Er sah alle seine Felle, sprich Autos, wegschwimmen. Und so sagte er:
»Aber mein Herr, das ist doch nur eine Vorsorge.«
»Nein, nein«, sagte der Mann, »für so viel Geld muß ich einen Wagen bekommen können, der immer und zu jeder Zeit anspringt.«
Am Ende seiner Kräfte sagte der Verkäufer:
»Bitte, mein Herr, lassen Sie mich noch etwas sagen. Wenn Sie sich

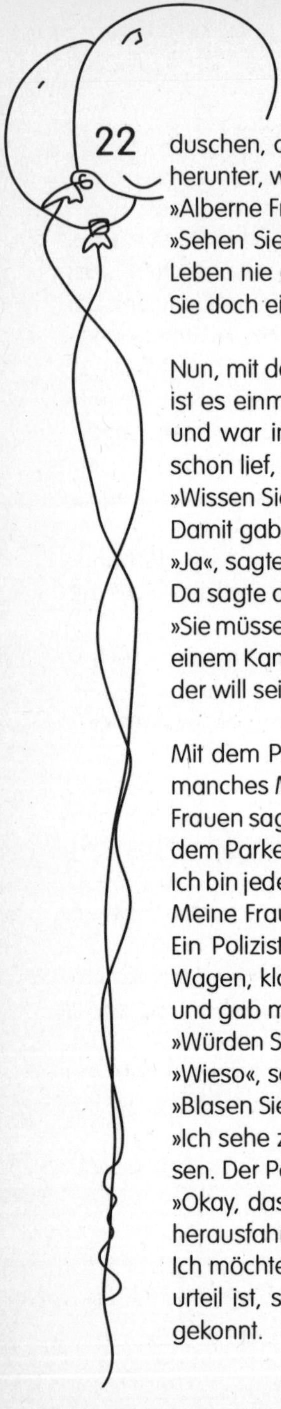

duschen, also unter der Brause stehen, und Sie sehen an Ihrer Brust herunter, was sehen Sie da?«
»Alberne Frage«, meinte der Kunde, »meine Brustwarzen natürlich.«
»Sehen Sie«, sagte der Verkäufer, »Sie werden sie in Ihrem ganzen Leben nie gebrauchen. Sie sind nur vorsorglich da, für den Fall, daß Sie doch einmal schwanger werden.«

Nun, mit dem Parken ist es ja in den Städten ein großes Problem. Mir ist es einmal sehr merkwürdig ergangen. Ich hatte eine Vorstellung und war in dem Veranstaltungssaal, und während das Programm schon lief, kam ein Polizist hinter die Bühne und fragte:
»Wissen Sie, wem dieser Wagen gehört?«
Damit gab er mir einen Zettel, auf dem stand – meine Nummer.
»Ja«, sagte ich, »das ist mein Wagen, warum fragen Sie?«
Da sagte der Polizist:
»Sie müssen ihn wegfahren. Sie stehen mit dem rechten Vorderrad auf einem Kanaldeckel, und in dem Kanal sitzt ein Arbeiter von der Post, der will seit 18 Uhr Feierabend machen.«

Mit dem Parken ist es natürlich allgemein ein Problem. Lücken sind manches Mal so klein, daß man kaum hineinkommt.
Frauen sagt man nach, daß sie besondere Schwierigkeiten haben mit dem Parken. Ein Vorurteil?
Ich bin jedenfalls einmal mit meiner Frau aus einem Lokal gekommen. Meine Frau setzte sich ans Steuer und versuchte herauszukommen. Ein Polizist, der dies eine Zeitlang beobachtet hatte, kam an den Wagen, klopfte an die Scheibe des Beifahrersitzes, auf dem ich saß, und gab mir eines der berüchtigten Röhrchen.
»Würden Sie bitte blasen?«
»Wieso«, sagte ich empört, »ich fahre doch gar nicht.«
»Blasen Sie trotzdem«, sagte der Polizist, »mir zuliebe.«
»Ich sehe zwar keinen Grund«, sagte ich. Und dann habe ich geblasen. Der Polizist schaute es sich an und sagte:
»Okay, das ist in Ordnung. Würden Sie bitte die Plätze tauschen und herausfahren. Ich kann es nicht länger mitansehen.«
Ich möchte noch einmal betonen, meine Damen, daß dies kein Vorurteil ist, sondern eigene Erfahrung. Ich bin sicher, Sie parken sehr gekonnt.

23 PARTYGEFLÜSTER

Wissen Sie, man kommt einfach, wenn man einen Beruf wie den meinen hat, nicht darum herum, Partys zu besuchen. Auch wenn man das Ganze einfach zum Erbrechen langweilig findet. Und wenn man so desinteressiert solche Partys besucht, ist man zwangsläufig nicht bei der Sache, sondern unkonzentriert, hört nicht richtig zu, und es können dann schon peinliche Situationen entstehen. Ich habe gerade kürzlich wieder eine solche Party besuchen müssen. Um nun meiner Frau zu beweisen, daß meine Theorie stimmt, daß auf diesen Zusammenkünften keiner dem anderen zuhört, sagte ich der Hausherrin, als wir ankamen:
»Entschuldigen Sie, gnädige Frau, daß wir uns etwas verspätet haben, aber wir mußten erst unsere alte Erbtante ermorden, die Leiche zerstückeln und die Teile in die Gefriertruhe legen.«
Wissen Sie, was die Gastgeberin mit einem charmantem Lächeln antwortete?
»Aber das macht doch nichts. Die Hauptsache ist, daß Sie überhaupt noch gekommen sind.«

Ja, so ist es. Keiner hört dem anderen zu. Bei dieser Party übrigens war allerdings alles erstklassig. Mit kleinen Webfehlern natürlich.
Wenn die Suppe so warm gewesen wäre wie der Wein und der Wein so kalt wie die Sauce und die Sauce so fett wie die Hausfrau, wäre es ein sehr schöner Abend gewesen.
Es war auch eine kleine Kapelle da, nachher ging ein Teller rum mit Geld, da habe ich mir auch fünf Mark genommen, also – es war soweit sehr nett.
Und da traf ich einen Amerikaner, den ich vor ca. zehn Jahren mal kennengelernt hatte. Ich ging zu ihm, klopfte ihm auf die Schulter und sagte:
»Das ist ja wunderbar, Mr. Brown, daß wir uns endlich einmal wiedersehen. Da haben wir großes Schwein gehabt.«
»Bitte«, fragte er, »was haben wir gehabt?«
Ich sagte:
»Wir haben Schwein gehabt. Das sagt man in Deutschland im Volksmund, wenn man Glück gehabt hat.«

»Oh«, sagte er, »very nice, werde ich mir merken. Ich studiere ein bißchen die deutsche Sprache.«

In diesem Augenblick kam der Hausherr vorbei, und als er uns ansprach, sagte er zu dem Amerikaner:

»Na, Mr. Brown, wie gefällt es Ihnen bei uns?«

»Oh, very well«, sagte Mr. Brown.

»Und«, sagte der Hausherr, »haben Sie schon einmal mit meiner Frau getanzt?«

Und da wollte unser amerikanischer Freund seine neueste Erkenntnis an den Mann bringen und sagte:

»Oh no, sorry, dieses Schwein hatte ich noch nicht.«

Mir hat es vor Schreck fast das Cocktailglas aus der Hand gehauen, und als uns der Hausherr, leicht pikiert, allein gelassen hatte, sagte ich:

»Aber Mr. Brown, das können Sie nicht so einfach überall anwenden. Das paßt nicht immer.«

Um ihn abzulenken, sagte ich:

»Schauen Sie mal da drüben den Herrn, der gerade hereinkommt. Das ist einer der erfolgreichsten Playboys unserer Stadt. Der hat einen unwahrscheinlichen Erfolg bei Frauen.«

»Ich kann das nicht verstehen«, sagte Mr. Brown, »dieser Mann ist so dünn, so schmal, daß ich nicht verstehen kann, wieso er ist eine Frauenheld.«

Da erklärte ich ihm:

»Auch das hängt mit einem deutschen Sprichwort zusammen. Man sagt im Volksmund: Ein guter Hahn wird selten fett.«

»Oh«, sagte er, »very good, ich verstehe.«

Und er ging zu einem Herrn der am Kamin stand, seine guten 250 Pfund wog, klopfte ihm wohlwollend auf die Schulter und sagte:

»Ich weiß Bescheid über you. You nix gut Kikeriki.«

An diesem Abend hätte es beinahe noch einen Eklat gegeben. Unter den Gästen befand sich eine nicht mehr ganz junge Dame, die sich gerade mit einem älteren Herrn, einem ehemaligen Arzt, unterhielt. Da kam ein nicht mehr ganz nüchterner Herr auf die beiden zu und sagte zu der Dame:

»Na, du altes Freudenmädchen. Was machen die Geschäfte? Immer noch feste im Einsatz?

Die Dame wurde leichenblaß, zischte wütend:
»Machen Sie, daß Sie wegkommen, und werden Sie erst einmal wieder nüchtern, Sie Ferkel.«
Vor sich hinbrabbelnd ging der Gast, und die Dame sagte zu ihrem Gesprächspartner empört:
»Ist das nicht allerhand, Herr Doktor, was man sich alles bieten lassen muß?«
Lächelnd sagte der alte Herr und nahm einen kleinen Schluck:
»Aber liebe gnädige Frau, das dürfen Sie nicht so tragisch sehen. Schauen Sie, ich bin schon seit fünf Jahren pensioniert und trotzdem sagen die Leute immer noch ›Herr Sanitätsrat‹ zu mir.«

Ein reizender Herr. Ich erinnerte mich, ihn schon einmal auf einer Party getroffen zu haben, als er noch praktizierte. Damals fiel ihm aus Versehen sein Zwicker in die Bowle. Als er ihn herausfischte, sagte er:
»Na, Du Schlauberger, Du weißt auch was gut ist. Heute morgen lagst Du noch in einer Bauchhöhle und jetzt in der guten Bowle.«

… NON OLET – GELD STINKT NICHT

Ja, liebe Freunde, reden wir einmal über Geld. Ganz vernünftig und ohne Ironie, denn das Gerücht, es würde abgeschafft, das Geld nämlich, dürfen Sie nicht allzu erst nehmen. Auch wenn die Verbreiter dieses Gerüchtes hinzufügen:
»Es gibt schon Leute, die haben keines mehr.«
Irgendein sonst recht kluger Mann soll einmal gesagt haben: »Geld verdirbt den Menschen.«
Das ist falsch formuliert. Es müßte heißen: Geld entlarvt den Menschen. Er zeigt sich so, wie er wirklich ist. Und ehrlich – Geld an sich ist ja nichts Schlechtes. Wenn ich Leute höre, die sagen, daß Geld nicht glücklich macht, möchte ich ihnen zurufen: »Dann schenken Sie es mir, ich verspreche Ihnen, daß ich damit sehr glücklich sein werde.«

Ohne Geld läuft ja heute nichts mehr. Das muß man wissen. Geld muß rollen und die Wirtschaft in Gang halten. Aber dazu gehört auch die entsprechende Werbung. Die wiederum kostet sehr viel Geld.
Aber was in puncto Werbung auf uns zukommt, ist ja enorm. Kommt dann dazu noch ein exzellenter Verkäufer, haben Sie keine Chance.
Ich habe einmal einen Besuch in einem Andenkengeschäft im Schwarzwald gemacht. Ich brachte meiner Frau eine Schwarzwalduhr mit. Der Verkäufer war Spitze: Er hat mir für diese Kuckucksuhr noch ein Kilo Vogelfutter dazu verkauft.
Ich habe kürzlich bei einem Besuch in einem Feinkostgeschäft wieder einen tollen Verkäufer gesehen, einen Mann, der auch schwierigste Situationen, wie die nachfolgend geschilderte, hervorragend löste.
Bei ihm am Tresen stand eine sogenannte feine Dame. Sie wissen, was ich meine. Eine feine Dame ist eine Frau, die sich ihren Spinat von Fleurop nach Hause schicken läßt. Die also kaufte ein und sagte:
»Bitte geben Sie mir ein Viertelpfund Butter, zwei Scheiben Edamer Käse, drei Eier und ein Brötchen.«
Der Verkäufer war über diesen Riesenauftrag völlig aus dem Häuschen, machte ein kleines Päckchen und legte es auf die Theke. Da

sagte die Dame mit einer Stimme, die sich anhörte, als würden Eiswürfel an das Whiskyglas klirren:
»Aber nein, was denken Sie, ich möchte das nicht mitnehmen. Würden Sie es mir bitte zusenden?«
Ich glaubte, der Verkäufer würde wahnsinnig, aber gut geschult, sagte er mit einem verbindlichen Lächeln:
»Das geht leider nicht, gnädige Frau, denn unser Lieferwagen ist im Augenblick mit einem Suppenwürfel unterwegs.«

Mitunter gibt es natürlich Gelegenheiten, da ist auch der beste Verkäufer überfordert. So hatte einmal der Verkäufer eines Radio- und Fernsehgeschäfts vor einer schier unlösbaren Aufgabe gestanden. Ein Kunde, der einen Fernseher gekauft hatte, antwortete auf die Frage, wieviele Raten er wünsche:
»Ich möchte bar bezahlen.«
Einen Moment schien der Verkäufer wirklich verwirrt, sagte aber dann:
»Bar bezahlen? Einen Moment, da rufe ich den Chef, ich weiß gar nicht, wie man das macht.«

Eine besondere Beziehung zum Geld legte einmal eine königliche Hoheit aus einem arabischen Land an den Tag. Dieser Monarch hatte bei einem großen Automobilhersteller in der Nähe von Stuttgart (ich nenne keinen Namen, weil mir die Daimler-Benz dafür nichts zahlt) einen größeren Auftrag abgeschlossen. Er hatte dort 30 Omnibusse für sein Land gekauft.
Einen solchen Kunden muß man ein bißchen hofieren, und so führte ihn einer der leitenden Direktoren persönlich durchs Werk, und am Ende des Rundganges kamen sie in eine kleine Halle. Dort stand ein fabelhafter Sportwagen, und der Direktor deutete auf ihn und sagte:
»Königliche Hoheit, darf Ihnen mein Unternehmen diesen Wagen zum Geschenk machen?«
Daraufhin griffen die beiden Leibwächter zu ihren Dolchen, und einer der beiden sagte:
»Wollen Sie uns beleidigen? Ein König läßt sich nichts schenken. Wir kaufen den Wagen. Was kostet er?«
Da sagte der Direktor:
»Ich bitte um Verzeihung. Natürlich wollte ich Königliche Hoheit nicht beleidigen. Nun, der Wagen kostet 10,– DM.«

Da ließen die beiden Leibwächter die Waffen los, einer griff in die Tasche, zog seine Geldbörse und sagte:
»In Ordnung. Hier sind 20,– DM. Wir nehmen zwei davon.«

Nun kann man, wenn man die Augen ein bißchen offenhält, natürlich eine ganze Menge Geld sparen. So geben ja Firmen für bestimmte Erzeugnisse Bons, Gutscheine o. ä. aus, mit denen dann ein guter Kunde, wenn er eine bestimmte Anzahl zusammenhat, ein schönes Geschenk erhält.
Ich habe einmal auf einer meiner Reisen einen alten guten Freund besucht. Als er mich am Bahnhof abholte, erzählte er mir, daß er ein Häuschen gebaut hat, schön eingerichtet usw. Ich fragte:
»Dann muß es Dir doch eigentlich recht gut gehen, oder? Ein Haus zu bauen und es auch noch einzurichten, kostet doch viel Geld?«
Da sagte er zu mir:
»Weißt Du, ich sammele seit vielen Jahren Gutscheine beim Einkauf von Haferflocken. Wenn man nun soundsoviele Gutscheine hat, bekommt man gratis ein Schlafzimmer. Und so eines habe ich erhalten.«
Ich konnte es nicht glauben, und als wir bei ihm ankamen, führte er mich in die Garage – und tatsächlich, da stand ein noch teilweise verpacktes und auch recht schönes Schlafzimmer. Ich sagte zu ihm:
»Das ist ja wirklich toll, aber warum hast Du es nicht aufgestellt?«
Da meinte er:
»Kein Platz, mein ganzes Schlafzimmer ist voller Haferflocken.«

Nun will ich den weiblichen Lesern unter Ihnen noch einen guten Rat geben, wie auch Sie zu Kapital oder Vermögen kommen. Passen Sie auf:
Sie, meine Damen, gehen, wenn Sie das gelesen haben, an Ihr Schmuckkästchen und nehmen 120,– DM heraus. Haben Sie keine Angst, das ist eine gute Investition. Von diesem Geld kaufen Sie zehn Flaschen Schnaps, die tragen Sie nach Hause. Wenn nun Ihr Mann abends nach der Arbeit in die Kneipe gehen will, um Erntedank zu feiern (also Korn einzufahren), muß er dies ab sofort bei Ihnen zu Hause tun. Sie schenken ihm seinen Schnaps aus, und er muß Ihnen dafür eine Mark bezahlen. Es kann ihm ja egal sein, ob er Ihnen oder irgendeinem Wirt diese Mark bezahlt.

Da Sie, meine Damen, zehn Flaschen haben, in jeder Flasche 36 Glas sind, ergibt dies eine Gesamtzahl von 360 Glas. Wenn Sie nun diese zehn Flaschen leer haben, haben Sie nach Adam Riese 360,– DM. Davon nehmen Sie 120,– DM weg und kaufen zehn neue Flaschen. Die anderen sind ja leer. Sie haben noch 240,– DM übrig. Und die bringen Sie auf Ihr Konto bei Bank oder Sparkasse.
Und dann fangen Sie wieder an, zu Hause auszuschenken. Ein Glas für ihn, eine Mark für Sie. Das machen Sie immer, bis diese zehn Flaschen ebenfalls leer sind. Wieder haben Sie 360,– DM. Für 120,– DM kaufen Sie wieder zehn neue Flaschen. Die restlichen 240,– DM wieder auf Ihr Konto. Merken Sie was? Ihr Konto wächst. Nun sind Sie schon geübt. Einschenken, kassieren, einschenken, kassieren. Jedesmal von 360,– DM 120,– DM für den Neukauf und die restlichen 240,– DM aufs Konto. Das, meine Damen, machen Sie bitte zehn Jahre. Dann haben Sie mit allen Zinsen und Zinseszinsen etwa 50 000,– DM. Und mit diesem vielen Geld können Sie dann einen anständigen Mann heiraten und vergessen, daß Sie mit einem Säufer verheiratet waren. Na, was sagen Sie dazu?

Ja, – Geld ist schon eine Wissenschaft. Mich hat mal einer gefragt, was eigentlich Börse ist. Ich habe ihm geantwortet:
»Paß auf! Börse ist folgendes: Du kaufst dir einen Hahn und eine Henne. Die beiden fabrizieren Eier, aus denen dann Küken kommen. Nach etwa drei Monaten hast du 100 Hähne, Hennen und Eier. Nach einem halben Jahr hast du etwa 500 Hähne, Hennen und Eier. Und spätestens nach einem Jahr hast du 1 000 Hähne, Hennen und Eier und eventuell noch mehr.«
Da fragte der andere:
»Alles schön und gut, aber wenn ein Unglück kommt, beispielsweise eine große Überschwemmung. Und alle Hähne, Hennen und Eier ersaufen oder gehen kaputt?«
Ja, was soll man da antworten? Ich sagte zu ihm:
»Siehst du, das ist das Risiko. Hättest Enten halten sollen. Das ist die Börse.«

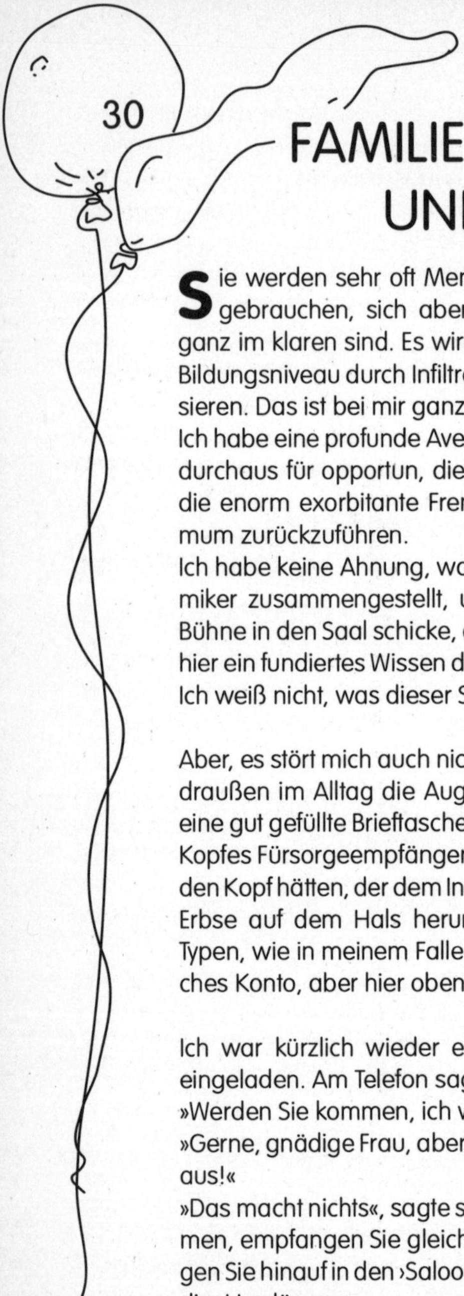

FAMILIE SPESENREICH UND ANDERE

Sie werden sehr oft Menschen begegnen, die zwar Fremdwörter gebrauchen, sich aber über Plazierung und Aussprache nicht ganz im klaren sind. Es wird immer Menschen geben, die wollen ihr Bildungsniveau durch Infiltration von Fremdwörtern prägnanter präzisieren. Das ist bei mir ganz anders.
Ich habe eine profunde Aversion gegen Fremdwörter, und ich halte es durchaus für opportun, diese vitale Frage intensiv zu ventilieren, um die enorm exorbitante Fremdwortinvasion auf ein maximales Minimum zurückzuführen.
Ich habe keine Ahnung, was das heißt. Es hat mir einmal ein Akademiker zusammengestellt, und immer dann, wenn ich das von der Bühne in den Saal schicke, dann glauben einige meiner Zuhörer, daß hier ein fundiertes Wissen dahintersteht. Ich muß Sie alle enttäuschen. Ich weiß nicht, was dieser Satz bedeutet.

Aber, es stört mich auch nicht, weil ich genau weiß, daß ich, wenn ich draußen im Alltag die Augen offenhalte, Menschen treffe, die zwar eine gut gefüllte Brieftasche haben, aber in den oberen Regionen des Kopfes Fürsorgeempfänger geblieben sind. Wenn alle Menschen nur den Kopf hätten, der dem Inhalt entspräche, würden viele nur mit einer Erbse auf dem Hals herumlaufen. Sie kennen sicher auch solche Typen, wie in meinem Falle die Familie Spesenreich. Unwahrscheinliches Konto, aber hier oben im Kopf – fragen Sie mich lieber nicht.

Ich war kürzlich wieder einmal zur Einweihung einer neuen Villa eingeladen. Am Telefon sagte die Gnädige:
»Werden Sie kommen, ich würde mich freuen?«
»Gerne, gnädige Frau, aber ich kenne mich in Ihrem neuen Haus nicht aus!«
»Das macht nichts«, sagte sie, »wenn Sie unten ins ›Feuer‹ hereinkommen, empfangen Sie gleich meine ›guillotinierten Levkojen‹ und bringen Sie hinauf in den ›Saloong‹. Ich stehe dort am ›Kamän‹ und mache die ›Hordöver‹.«

Ich habe sie auch dort getroffen, begrüßte sie mit einem Handkuß, weil man ja irgendwo anfangen muß, und sagte:
»Wie geht es Ihrem Herrn Sohn, gnädige Frau?«
»Oh«, sagte sie, »mein Klaus Eberhard hat einen Unfall gehabt mit seinem Moped und hat eine ›Fraktion‹ im Kopf.«
(Sie sollten nicht lachen, das hat man viel öfter als man einen Kopf in der Fraktion hat.)
Ich unterhielt mich noch eine Weile und fragte dann:
»Ach, übrigens, gnädige Frau, haben Sie schon gehört, Konsul Meier hat eine Mätresse?«
»Interessant«, sagte sie, »das muß ich meinem Mann sagen. Karl-Otto, hast du gehört, Konsul Meier hat eine Mätresse, hast du auch so etwas?«
»Selbstverständlich«, meinte er, »habe ich auch so etwas.«
»Gott sei Dank«, erwiderte die Gnädige, »ich hatte schon befürchtet, wir könnten uns das nicht leisten.«

Ich ging dann ein bißchen durch die neuen Räume, und plötzlich stand ich in einem tollen Wintergarten. Verdeckt durch einige Blattpflanzen konnte ich, ungewollt natürlich, das Gespräch zweier Damen belauschen. Da sagte die eine gerade:
»Und stellen Sie sich vor, da sagt doch dieser Kerl zu meinem Mann, er wäre ein Parvenü.«
»Das ist ja unerhört«, meinte die andere, »sagen Sie, ein Parvenü, ist das nicht so ein Affe mit einem roten Hinterteil?«
»Nein«, sagte die erste wieder, »das verwechseln Sie, was Sie meinen, ist ein Parmesan.«
Ich war neugierig geworden, was da noch alles gesagt wurde, und hörte dann auch wie die andere sagte:
»Habe ich Ihnen eigentlich erzählt, daß mein Mann vor acht Wochen plötzlich impotent geworden ist?«
»Nein, wie schön«, sagte die erste wieder, »ist das mehr als Oberinspektor?«

Inzwischen war im Salon der große Augenblick gekommen, an dem die Gnädige den Gästen die Neuerwerbungen ihres Schmuckes zeigen wollte. Ich wußte aus Erfahrung, daß dies eine abendfüllende Vorstellung wird. Schon vorher hatte Frau Spesenreich erklärt, daß sie

sich ein neues Saffiankollier gekauft hatte. »Mit 80 Steinen«, so sagte sie, »und denken Sie, ich muß es vorher anwärmen, sonst erkälte ich mir die Bronchien.«
Was natürlich kein Wunder ist, wenn sie ein solches Bergwerk an ihrem warmen Busen hängen hat. Die Attraktion des Abends war allerdings ein riesengroßer neuer Ring. Ein Fahrradrückstrahler ist ein glattes Nichts dagegen gewesen. Stolz hielt sie ihn uns allen vor die Nase und sagte:
»Ist er nicht wunderbar? In der Mitte das ist ein Antisemit und außenrum lauter Rabbiner.«

Nun war an diesem Abend ein echter Graf eingeladen, uralter Adel, zahlt heute noch Schulden aus der Zeit der Kreuzzüge; die Familie behauptet sogar, daß sie von der Terrasse ihres Hauses der Erschaffung der Welt zugesehen habe. Und diesem Grafen hielt sie den Ring vor die Nase und sagte:
»Nun, Herr Graf, was würden Sie tun, wenn Sie einen solch wertvollen Ring hätten?«
Der Graf klemmte sein Monokel ein – noblesse oblige – schaute sich die ausgestreckte Hand an und sagte:
»Dann würde ich mir zuerst mal die Fingernägel saubermachen, gnädige Frau.«

Indigniert bat sie uns nun in die Bibliothek und zeigte uns die neuesten Errungenschaften in Literatur. Zwei Meter Lessing, drei Meter Schiller usw. Aber es ging ihr vor allem darum, uns den neuesten Teppich zu zeigen. Ein, wie sie sagte, echter Perverser. Sechs auf acht Meter.
Und als sie die Bibliothek dann wieder verlassen hatte, sagte der Graf leise zu mir:
»Ein tolles Stück, den muß sie mir verkaufen.«
Ich bin in den Salon zurück und habe gesagt:
»Gnädige Frau, der Herr Graf hat auf Ihren Teppich reflektiert.«
»Das macht nichts«, sagte sie, »ich gebe dem Dienstmädchen Bescheid, die wischt das wieder weg.«

Nun muß ich Ihnen sagen, daß die Gnädige an diesem Abend einen katholischen Pfarrer eingeladen hatte, da sie der Meinung war, daß sich auch ein bißchen Wohltätigkeit vorteilhaft auf ihr Image auswirkt.

Sie überreichte ihm im Laufe des Abends, natürlich für alle sichtbar, einen Scheck mit den Worten:
»Ich hoffe, Hochwürden, daß es Ihnen bei der Neuanschaffung einer Orgel eine Hilfe sein wird.«
Daraufhin Hochwürden:
»Herzlichen Dank und vergelt's Gott, liebe gnädige Frau.«
»Ich hoffe doch, Hochwürden, daß wir Sie am nächsten Samstag wieder erwarten dürfen. Wir haben eine Menge einflußreiche Leute eingeladen, und ich könnte mir denken, daß vielleicht für Sie das ganz vorteilhaft wäre.«
»Ich werde gerne kommen, gnädige Frau, denn für meine Orgel besuche ich sogar Partys, wie Sie sehen.«
»Dann bringen Sie doch das nächste Mal Ihre liebe Frau Gemahlin mit.«
»Aber gnädige Frau, das geht doch nicht, wir haben doch den Zölibat.«
»Das ist doch kein Hinderungsgrund, bringen Sie den Kleinen auch mit.«

Wenn ich nach diesen Dingen meine Zuhörer anschaue, dann sehe ich genau in ihren Mienen, daß sie das Gefühl haben, ich würde übertreiben. Nun ja, ein bißchen schon, aber was man auf diesem Gebiet so erlebt, wenn man Augen und Ohren aufsperrt, das ist schon eine ganze Menge.
Ich begleite auch viele Modeschauen, als Conférencier, und in jedem Frühjahr und Herbst bin ich mit Mode unterwegs. Nun weiß man ja, daß die Mode sehr stark vom Französischen inspiriert wird. Nicht nur die Kreationen, sondern auch sämtliche Begriffe im Bereich der Mode sind französisch. Das fängt schon bei »Mode« an und geht über Haute Couture, Satin, Voile, Duchesse bis zu Doubleface. Man könnte diese Reihe endlos fortsetzen. Als ich einmal bei einer Modenschau ein Abendkleid eines Pariser Modeschröpfers in Goldbrokat vorstellen wollte und den Gästen dabei zu verstehen gab, daß dies der letzte Schrei sei, sagte ich:
»Meine Damen und Herren, dieser Mantel ist Dernier cri.«
Da sagte eine Frau, die mit ihrem Mann am Laufsteg saß, zu ihm:
»Karl, was ist das, Dernier cri?«
Geistesgegenwärtig antwortete der:
»Das heißt: schon verkauft.«

Ein wirklicher Diplomat, und ein Diplomat ist ja ein Mann, der seine Frau davon überzeugt, daß ein Nerzmantel dick macht. Und vor nichts haben Frauen mehr Angst als vor dem Dickerwerden. Da gibt es Frauen, die lesen noch nicht einmal etwas Fettgedrucktes.

Aber zurück zum Thema Nerz. Immer wenn ich diese Worte auf der Bühne oder am Laufsteg sage, dann bekommen die Frauen ein gefährliches Glitzern in die Augen, und die Männer stehen kurz vor einem Nerzinfarkt. Meine Frau hat mir monatelang in den Ohren gelegen, sie wolle einen echten Nerz haben. Nun, ich habe ihr diesen Wunsch erfüllt, aber nach einigen Wochen das gute Stück wieder abgenommen. Wissen Sie, sie machte den Käfig nicht sauber, und pflegen sollte man ein solch wertvolles Tier allemal.
Aber wie gesagt, für einen Nerzmantel, da kann man schon einige Prinzipien vergessen. So wie die reizende und junge Nachbarin, die einmal gesagt hat:
»Für einen Nerzmantel würde ich alle guten Vorsätze vergessen.«
Jetzt hat sie einen, aber sie kann ihn nicht mehr zuknöpfen. So ist das Leben manches Mal.

Aber noch einmal zurück zum Thema des Zu- bzw. Abnehmens. Es gab mal eine Zeit, da hat kein Mensch an Abnehmkur, Nulldiät und ähnliches gedacht. Da wurde hineingeschaufelt soviel nur da war. Es wird sich jeder, der damals lebte, erinnern. Das Jahr der Währungsreform. Vor dem 20. Juni 1948 hat keiner gefragt, ob er zu dick war. Das änderte sich dann mit diesem Datum. Die Brötchen wurden heller, die Säuglinge wurden dunkler, aber das werden manche von Ihnen sicher noch wissen. Und dann haben wir einige Wohlstandswellen durchschwommen: die Freßwelle, die Kleiderwelle, die Schmuckwelle, die Reisewelle und die Bildungswelle.

Bei der Bildungswelle muß irgendwo ein Wellenbrecher herumgelegen haben, und da hat nicht jeder einen Spritzer abbekommen. Ich habe das einmal in einer Großstadt erlebt, als dort ein Mann vor Gericht stand, der seine Frau erschlagen hatte. Zu ihm sagte der Vorsitzende:
»Erzählen Sie einmal, Angeklagter, wie es zu diesem entsetzlichen Vorfall kommen konnte.«

»Ich sitze«, sagte der Angeklagte, »mit meiner Frau im Zimmer. Ich lese Zeitung, und sie liest ein Buch. ›Was liest Du denn da?‹, fragte ich.
›Ich lese ein Buch im französischen Originaltext.‹
›Oh‹, sagte ich, ›ich wußte gar nicht, daß Du so gut französisch sprichst.‹
›Das werde ich Dir sofort beweisen‹, sagte meine Frau, ›Ich lese Dir hier vor, was französisch hier steht und werde es sofort ins Deutsche übersetzen.‹
Und dann las sie vor:
›La Marquise de Pompadour était la maitresse de Louis quartorze.‹
›Und‹, sagte ich zu ihr, ›wie heißt das auf Deutsch?‹
›La Marquise, – das Sonnendach, die Pompadour – des Geldtäschchens, était la maitresse – war die Lehrerin, de Louis quartorze – des 15. Louis. Das Sonnendach des Geldtäschchens war die Lehrerin des 15. Louis.‹
›Falsch‹, sagte ich zu ihr. ›Das heißt: Die Marquise von Pompadour war die Geliebte Ludwigs des Vierzehnten.‹
›Aber nein‹, sagte sie, ›das weiß ich besser, ich weiß es noch von der Schule, aus der französischen Legion.‹
›Liebling‹, sagte ich, ›das heißt nicht Legion, sondern Lektion, das kommt von Lektor.‹
›Falsch‹, sagte sie, ›Lektor, das war doch der Held in der griechischen Sage.‹
›Liebling, das war nicht Lektor, sondern Hektor.‹
›Ach, Du bist ein kleines Dummerle‹, sagte sie wieder, ›Hektor, das ist doch das Flächenmaß, mit dem die Bauern ihre Äcker abmessen.‹
›Nein‹, rief ich, ›das ist nicht Hektor, das ist Hektar.‹
›Wieder falsch‹, sagte meine bessere Hälfte, ›Hektar ist das, was die Götter früher da oben getrunken haben.‹
›Liebling, das war nicht Hektar, sondern Nektar.‹
›Oh‹, sagte sie ›ich lache mich tot, Nektar, das haben wir schon in der Schule gesungen, im Dütt, bald gras ich am Nektar, bald gras ich am Rhein.‹
›Erstens‹, sagte ich, ›heißt es nicht Nektar, sondern Neckar, und dann, es heißt nicht Dütt, sondern Duett.‹
›Du bist ungebildet‹, sagte sie, ›Duett ist, wenn zwei Männer mit dem Revolver oder dem Säbel aufeinander losgehen und einer den anderen umbringt.‹

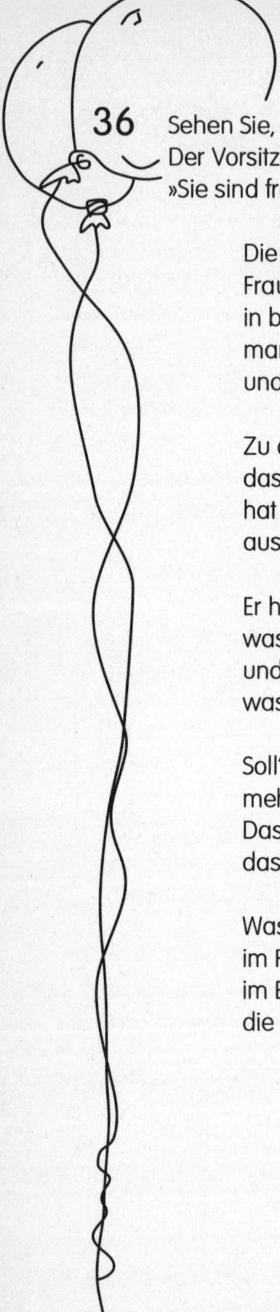

Sehen Sie, Herr Vorsitzender, und da habe ich sie erschlagen.«
Der Vorsitzende wischte sich den Schweiß von der Stirn und sagte:
»Sie sind freigesprochen, ich hätte sie schon bei Hektor erwürgt.«

Die Soirée
Frau Raffke hat zum Fest geladen,
in bess'ren Kreisen heißt's Soirée,
man plauderte beim delikaten
und auserlesenen Diner.

Zu diesem Kreis, der hier vertreten,
das Essen war vorbei gewesen,
hat einen Dichter man gebeten,
aus eignen Werken vorzulesen.

Er hat Frau Raffke erst gefragt,
was denn so ihre Wünsche wären
und was am meisten zu ihr sagt
was sie gerne würde hören.

Soll's etwas mehr Romantik sein,
mehr Lyrik oder mehr dramatisch?
Das, sagt sie, bestimmen Sie allein,
das ist nicht problematisch.

Was es auch ist, ich garantier
im Falle eines Falles
im Endeffekt, die Leute hier,
die lachen über alles.

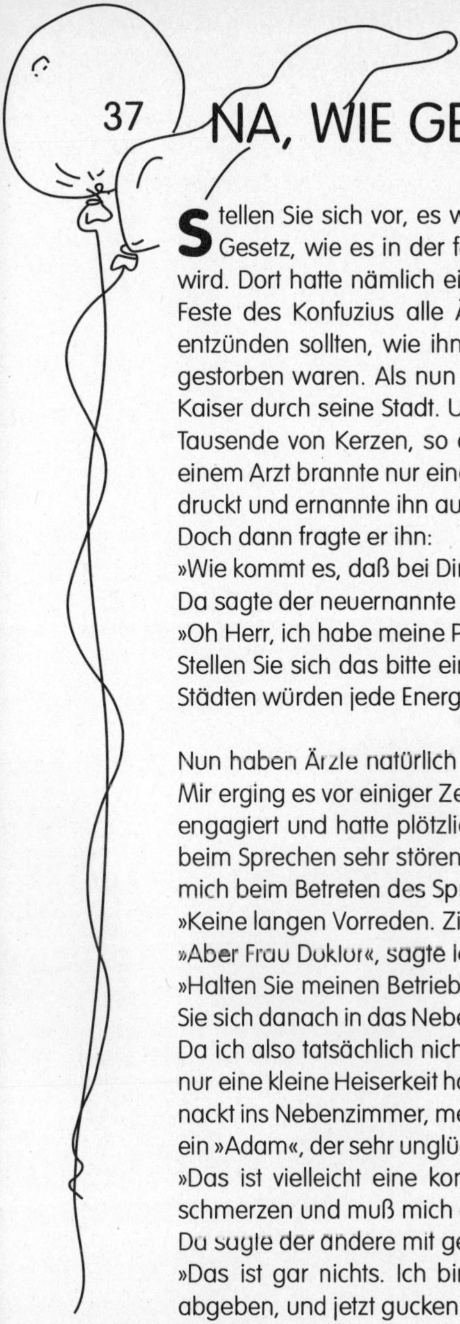

37 NA, WIE GEHT'S UNS DENN?

Stellen Sie sich vor, es würde bei uns einmal das Verfahren zum Gesetz, wie es in der folgenden Geschichte aus China berichtet wird. Dort hatte nämlich eines Tages der Kaiser befohlen, daß zum Feste des Konfuzius alle Ärzte so viele Kerzen vor ihren Häusern entzünden sollten, wie ihnen im jetzt abgelaufenen Jahr Patienten gestorben waren. Als nun das Fest herangekommen war, ging der Kaiser durch seine Stadt. Und da sah er vor vielen Ärztewohnungen Tausende von Kerzen, so daß die Nacht zum Tage wurde. Nur bei einem Arzt brannte nur eine einzige Kerze. Der Kaiser war tief beeindruckt und ernannte ihn auf der Stelle zu seinem Leibarzt.
Doch dann fragte er ihn:
»Wie kommt es, daß bei Dir nur eine einzige Kerze brennt?«
Da sagte der neuernannte Leibarzt:
»Oh Herr, ich habe meine Praxis erst einen Tag eröffnet.«
Stellen Sie sich das bitte einmal bei uns vor. Die Lichtermeere in den Städten würden jede Energiekrise ad absurdum führen.

Nun haben Ärzte natürlich ihre eigenen Methoden der Behandlung. Mir erging es vor einiger Zeit recht merkwürdig. Ich war in einer Stadt engagiert und hatte plötzlich eine kleine Erkältung eingefangen, die beim Sprechen sehr störend war. Ich suchte also eine Ärztin auf, die mich beim Betreten des Sprechzimmers mit den Worten empfing:
»Keine langen Vorreden. Ziehen Sie sich aus.«
»Aber Frau Doktor«, sagte ich, »ich habe ...«
»Halten Sie meinen Betrieb nicht auf und ziehen Sie sich aus, setzen Sie sich danach in das Nebenzimmer und warten Sie, bis ich komme.«
Da ich also tatsächlich nicht in der Lage war, ihr zu erklären, daß ich nur eine kleine Heiserkeit hatte, zog ich mich also aus und setzte mich nackt ins Nebenzimmer, meine Kleider auf dem Arm. Dort saß bereits ein »Adam«, der sehr unglücklich in die Welt schaute. Ich sagte zu ihm:
»Das ist vielleicht eine komische Ärztin. Ich habe nur etwas Halsschmerzen und muß mich ganz nackt hierhersetzen.«
Da sagte der andere mit gequältem Lächeln:
»Das ist gar nichts. Ich bin von der Post und wollte nur ein Paket abgeben, und jetzt gucken Sie, wie ich hier rumsitze.«

Man sagt ja manches Mal, eine Frau ginge zum alten Arzt, wenn sie krank sei, zu einem jungen aber, wenn ihr etwas fehle. Ich weiß, nicht immer sollte man solche Pauschalurteile abgeben. Fest steht, daß viele Patientinnen ein bißchen in ihren Doktor verschossen sind. In allen Ehren, versteht sich.

So hat einmal eine schon ziemlich alte Dame, die ihren Hausarzt schon viele Jahrzehnte hatte, nach einer Untersuchung zu ihrer Freundin gesagt:

»Die Medizin hat doch unerhörte Fortschritte gemacht. Wenn ich daran denke, wie ich als junges Mädchen zum Arzt kam. Immer mußte ich mich bei der geringsten Kleinigkeit völlig ausziehen. Heute genügt es, wenn der Arzt meine Zunge anschaut.«

Man erzählt sich auch von einem Arzt, der sich zur Ruhe gesetzt hatte und die Praxis seinem Sohn übergab, in der Hoffnung, seine Patienten würden genauso zufrieden sein, wie sie es bei ihm gewesen waren. Als sein Sohn ihm eines Tages eröffnete, daß er die Frau Kommerzienrat geheilt habe, die er, der Vater 25 Jahre behandelt hat, sagte dieser:

»Das warst Du ihr auch schuldig. Schließlich hat sie durch meine Behandlung Dein gesamtes Studium finanziert.«

In einem ähnlichen Falle mußte eine sehr reiche Patientin zur Kur. Sie bat ihren Hausarzt um ein Empfehlungsschreiben für den Kurarzt. Sie bekam es auch, und da sie sehr neugierig war, öffnete sie es über Wasserdampf und las:

»Lieber Kollege, anbei eine goldene Gans. Habe sie zehn Jahre gerupft, rupfen Sie weiter.«

Nur eines stört mich bei den Ärzten. Die Schrift. Es ist ja verwunderlich, daß die Ärzte mit einer solchen Klaue, wie man sie bei den meisten vorfindet, überhaupt ihr Examen machen konnten. Nur Apotheker, merkwürdigerweise, können diese hieroglyphenartigen Wörter lesen. Allerdings – wenn man es einmal von der praktischen Seite sieht, ist es so schlecht nun auch wieder nicht. Mit einem Rezept, das mir mein Arzt vor zwei Jahren einmal gab, bin ich eine Saison lang ins städtische Museum gegangen, bin ein halbes Jahr U-Bahn gefahren, und jetzt spielt es mein Sohn auf der Blockflöte.

Ärzte, die einmal etwas ganz besonders Spektakuläres gemacht haben, erfahren natürlich Ehrungen vieler Art. Die Krönung ist meist die Verleihung des Nobelpreises, aber auch die Ehrungen diverser Universitäten sind nicht von der Hand zu weisen. Und schließlich gibt es eine ganze Menge Ehrungen, die liebenswert, gutgemeint und ehrlich dem erfolgreichen Mediziner zugedacht werden.
Und da lassen Sie mich Ihnen die Geschichte jenes Augenarztes erzählen, der durch eine gewagte Operation der Frau eines Fabrikanten das Augenlicht gerettet hatte. Der Ehemann, überglücklich, erklärte dem Arzt, er müsse ihm gestatten, sein Wartezimmer mit dem Kunstwerk eines berühmten, zeitgenössischen Malers zu schmücken. Am Tage der Enthüllung des Kunstwerks drängten sich die Honoratioren im Hause des Arztes, Kameras klickten, Fernsehkameras liefen, als der Künstler höchstselbst das Werk enthüllte. Dieses Wandgemälde stellte nun ein großes menschliches Auge dar, in dessen Mittelpunkt man den genialen Arzt erkannte. Einer der Journalisten interviewte den Geehrten und fragte:
»Herr Doktor, was haben Sie gedacht, als Sie dieses Kunstwerk erblickten?«
Da sagte der Arzt mit einem Lächeln:
»Ich muß Ihnen sagen, ich bin sehr beeindruckt und darüber hinaus sehr glücklich, kein Gynäkologe zu sein.«

Wenn ein Arzt nach vielen Jahren des Praktizierens ausscheidet, um jungen Kollegen den Weg freizumachen, versorgen die »alten Hasen« diese jungen Mediziner mit gutgemeinten Ratschlägen.
Bei einem schwäbischen Arzt, zu dessen schon erwähnten Eigenschaften noch die sprichwörtliche Sparsamkeit der Schwaben hinzukam, wurde ebenfalls ein Wechsel in der Führung der Praxis vollzogen. Auch hier gab der Ältere dem Jüngeren folgenden Ratschlag:
»Lieber junger Freund. Wenn Sie es zu etwas bringen wollen, müssen Sie sehen, daß Sie wirtschaftlich arbeiten. Ich habe es über viele Jahre so gemacht. Wenn ein Patient kommt, untersuche ich ihn und erkläre, daß er sehr krank sei und dieses Fläschchen mit Tropfen mitnehmen soll, um in der nächsten Woche wieder zu erscheinen. Ich sage ihm, daß die Untersuchung 25,– DM kostet und die Medizin 10,– DM. Kommt er in der nächsten Woche, sage ich ihm, daß es ihm schon besser geht, gebe ihm wieder Tropfen mit der Angabe, er möge mir

für die Untersuchung 25,– DM und für die Medizin 10,– DM geben. Kommt er dann zum dritten Mal, erkläre ich ihm, er sei gesund, um aber sicherzugehen, möchte er mir in der nächsten Woche ein Fläschchen mit Morgenurin und ein Fläschchen mit Abendurin bringen. Auf diese Weise bekomme ich die Fläschchen zurück.«

Der so oft zitierte Unterschied zwischen Kassen- und Privatpatienten war für mich nie relevant. Bis zu dem Tag, an dem ich …
Also, das war so. Ich war wieder einmal erkältet, hatte Vorstellung in Berlin und ging morgens über den Kurfürstendamm, um nach einem Arzt zu suchen. Da las ich plötzlich an einem Haus ein großes Schild:

Prof. Dr. med. Schulze

Ich ging hinein und kam in ein großes Zimmer. Dort waren zwei Türen. Auf der einen Tür stand:

Damen

auf der anderen Tür:

Herren.

Ich ging durch die Herrentür und stand wieder in einem großen Zimmer mit zwei Türen. Auf der einen stand:

Organische Krankheiten

auf der anderen:

Psychische Krankheiten.

Ich ging durch die »organische« Tür und war wieder in einem großen Zimmer.
Auf der linken Tür stand:

Monatseinkommen unter 5 000,– DM

auf der anderen Tür:

Monatseinkommen über 5 000,– DM.

Ich ging natürlich durch die Tür »unter 5 000,– DM« – und stand wieder auf dem Kurfürstendamm. Seit dieser Zeit … na ja, Sie wissen schon.

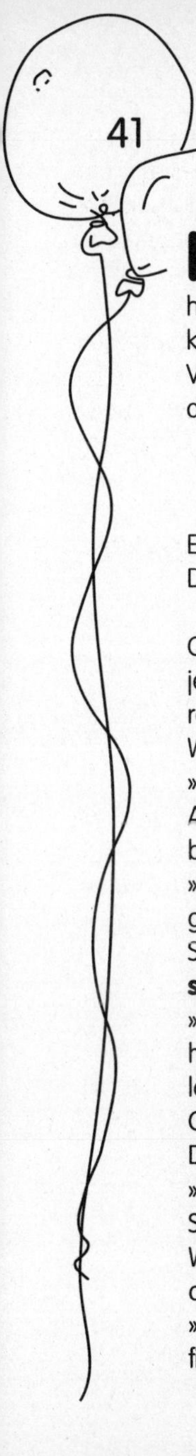

41 WAS IST EIN DRECKFUHLER?

Natürlich wissen Sie es. Es ist ein Druckfehler und sollte eigentlich Druckfehler heißen. Ist es nicht herrlich, was da so manches Mal herauskommt? Denken Sie doch bitte nur an das Gewerkschaftsplakat, auf dem zwei Arbeiterfäuste ineinander verschlungen waren, Verbundenheit demonstrierend, und da stand dann in großen Lettern darunter:

Die Gewerkschaft ruft dich
Die Gewerkschaft ruft mich
Die Gewerkschaft ruft uns alle.

Ein schönes, ein wirkungsvolles Plakat, wenn nicht – ja, wenn nicht der Drucker »ruft« mit pf geschrieben hätte.

Oder denken Sie bitte an die kleine Bäderzeitung, die in einem Kurbad jede Woche erschien und natürlich auch einen langen Fortsetzungsroman abdruckte. Und eine der letzten Fortsetzungen endete mit den Worten:
»... der Graf verließ das Zimmer und lächelte **verschmatzt**«.
Am nächsten Erscheinungstag lasen die Abonnenten in ihrer Ausgabe:
»Wir bitten unsere Leser um Entschuldigung. Natürlich haben Sie gemerkt, daß uns der Druckfehlerteufel einen Streich gespielt hat. Selbstverständlich lächelte der Graf nicht **verschmatzt**, sondern **verschmutzt**. Als die nächste Ausgabe kam, lasen die Romanliebhaber:
»Wir lachen uns in der Redaktion kaputt, denn der Druckfehlerteufel hat uns fest in den Krallen. Nun wollen wir es richtigstellen. Der Graf lächelte also weder verschmatzt noch verschmutzt, sondern »... der Graf lächelte **verschmotzt**«.
Die nächste Ausgabe enthielt folgenden Absatz:
»Sehr geehrte Leser. Wir geben zu, daß wir mit diesem Wort unsere Schwierigkeiten haben. Wir haben uns deshalb entschlossen, das Wort gegen ein sinngemäßes, anderes Wort auszutauschen. Deshalb dürfen wir nun den Romanabschnitt wie folgt schließen:
»... der Graf verließ das Zimmer und lächelte **spatzbübisch**«. Herrlich, finden Sie nicht auch?

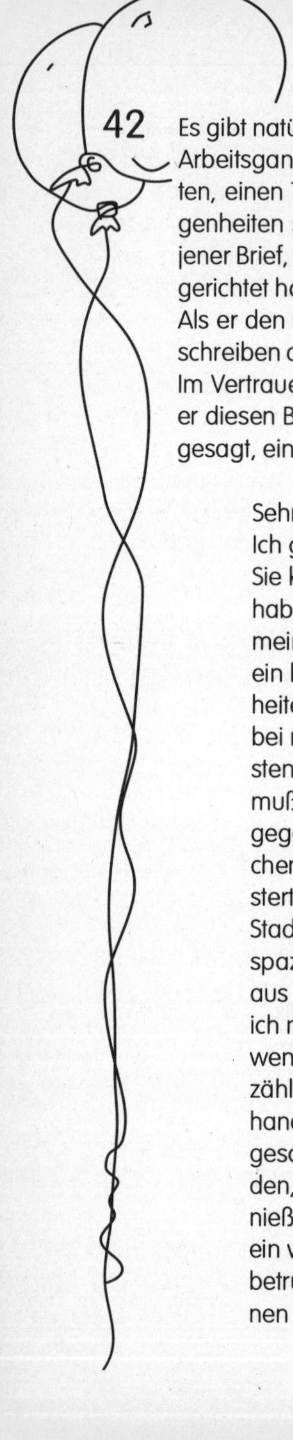

Es gibt natürlich nicht nur Druckfehler dort, wo ein Setzer im schnellen Arbeitsgang sich einmal vergreift, sondern es gibt auch Gelegenheiten, einen Text völlig zu verändern, wenn sich bei bestimmten Gelegenheiten solche Fehler einmal einschleichen. Ein Beispiel dafür sei jener Brief, den ein junger Mann an seine zukünftige Schwiegermutter gerichtet hatte.
Als er den Bogen in die Maschine eingespannt hatte und gerade zu schreiben anfangen wollte, fiel der Strom aus, und er saß im Dunkeln. Im Vertrauen darauf, daß er im Tippen ziemlich perfekt war, schrieb er diesen Brief im Dunkeln, und was dabei herauskam, war, gelinde gesagt, eine Katastrophe. Doch hören Sie selbst. Er schrieb also:

> Sehr verkehrte Schmirgelbutter.
> Ich gaffe, Sie werden mir diese flaute Anrede nicht verpipeln. Sie kennen das Behältnis, das ich mit Ihrer welken Tochter habe. Ich liebe Ihre Tochter Milbe von ganzem Sterz, sie ist mein Geld, und mein Gewühl für sie ist unbegreiflich. Es war ein langer Krampf, bis ich sie überbeugen konnte, daß ihr heiteres Weben nur an meiner Pleite verkommen ist, und nur bei mir wirkliche Enthüllung findet. Schon als wir uns zum ersten Mal besoffen hatten, und ich Milbe sah, wußte ich: Die muß ich biegen. Ihr natürlicher Darm, ihre Unbefangenheit gegenüber allem Busen, ihre blinken Lücken und die Grübchen in ihren Wanzen haben mich damals restlos bekleistert. Ich weiß auch, daß ich in die erstbeste Familie der Stadt einbeibraten werde. Immer dann, wenn ich mit Milbe spazierengehe, kommen wir dabei in jener Gosse vorbei, aus der Sie, liebe gnädige Frau, kommen. Immer dann freue ich mich, schon bald zu Ihren Verwanzten zu gehören, denn wenn Milbe mir von Ihren Tunten, den Bösen und Neppen erzählt, weiß ich, daß es sich um eine besondere ekle Masse handelt. Und dann Ihre Firma. Liebeste Schniegelfutter, Ihr gescherter Gatte, der als Weibhändler bei allen Kammkunden, aber auch bei der Saufkundschaft einen guten Ruf genießt, ist besonders in Dachkreisen sehr gewetzt. Ich habe ein wenig herumgestört, und dabei erfahren, daß der Steuerbetrug Ihres Mannes in diesem Jahr erheblich ist, was auf einen Abspatz schließen läßt. Ich wäre picklich, könnte ich als

Ihr Schwiebertohn am Raubbau Ihres Unterlegens mitstrikken. Im Moment arbeite ich in der Sterbebranche mit viel Erfolg und Sie wissen, daß heute Sterben ein Pfeifer der Wirkschaft ist. Ich habe gute Gewinnspinnen und habe auch etwas auf der hohlen Tante. Auch wenn es schmierig sein wird, plötzlich eine andere Spalte zu vertrödeln, Ihre Beine anzubieten, hoffe ich doch, es zu entfernen.

Ich hoffe, daß Sie ersaufen, daß ich morgen, wenn Sie Ihren Luden geschlossen haben, bei Ihnen hereinklaue, um Sie zu kitten, mir Milbes Sterz und Hund zu überlappen. Ich habe keinen ähnlicheren Flunsch als den, Milbes toten Mund immer röcheln zu sehen. Ich kann Ihnen versichern, daß Sie schon in kurzer Zeit trübe Enkelkinder auf Ihrem Kloße schaukeln können. Ich darf Sie bitten, Ihren Matten zu grüßen und verbleibe mit ausgreifter Lochhaftung Ihr

hoffentlich rangehender
Fliegermohn Kalle

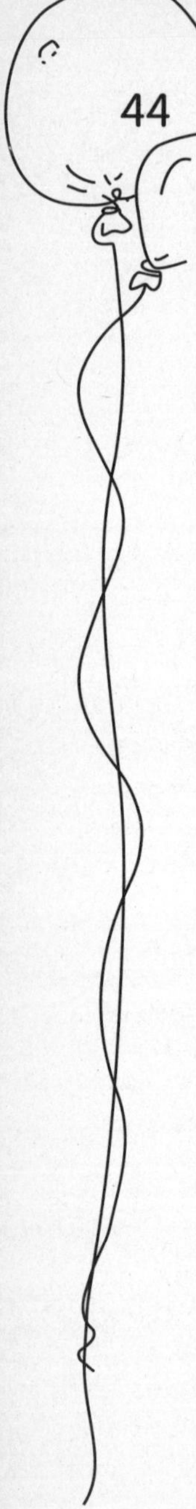

TREULICH GEFÜHRT ...

Noch immer ist die Ehe die Institution, bei der ich unwillkürlich an Winston Churchill denken muß, der einmal, allerdings nicht die Ehe, sondern die Politik betreffend, gesagt hat:
»Die Demokratie ist die schlechteste Staatsform, aber ich kenne keine bessere.«
So ist es also auch mit der Ehe. Und als ich kürzlich beim Klassentreffen meinen alten Schulkameraden wiedertraf, fragte ich ihn:
»Na, alter Junge, immer noch nicht in dem Hafen der Ehe?«
»Nein«, sagte er, »ich begnüge mich noch immer mit einer gelegentlichen Hafenrundfahrt.«
Zugegeben, Ehen laufen nicht immer so, wie die beiden es sich am Tage ihrer Hochzeit gewünscht haben. Als das junge Paar wieder einmal einen furchtbaren Krach hinter sich hatte, lief die junge Frau mit zwei Koffern ins Elternhaus zurück. Spätestens dort aber hatte sie ihren Entschluß bereut. Der Vater schrieb seinem Schwiegersohn einen kurzen Brief und sagte zu seiner Tochter:
»Geh zu Deinem Mann zurück, und es wird alles gut sein, wenn Du ihm diesen Brief gibst.«
Sie ging zurück, gab ihrem Manne den Brief, der öffnete, las und lachte laut, denn er las dort:
»Angebrochene Schachteln werden nicht zurückgenommen.«

Bei der Auswahl der zukünftigen Ehepartner kann man ja die verschiedensten Wege gehen. Man kann ihn oder sie im Betrieb kennenlernen, beim Ausgehen, im Verein, im Urlaub oder gar durch eine Heiratsanzeige. Auf eine solche Heiratsanzeige meldete sich einmal ein »Kandidat« bei dem Vater der im Inserat erwähnten Tochter. Der Vater sagte:
»Ich will meine drei Töchter so gut wie möglich verheiraten. Die jüngste ist 25 und bekommt bei der Hochzeit 10 000 DM. Die zweite ist 30 und bekommt 20 000 DM. Meine älteste ist 40 und bekommt 35 000 DM mit in die Ehe.«
Da sagte der Heiratskandidat:
»Haben Sie keine Fünfzigjährige?«

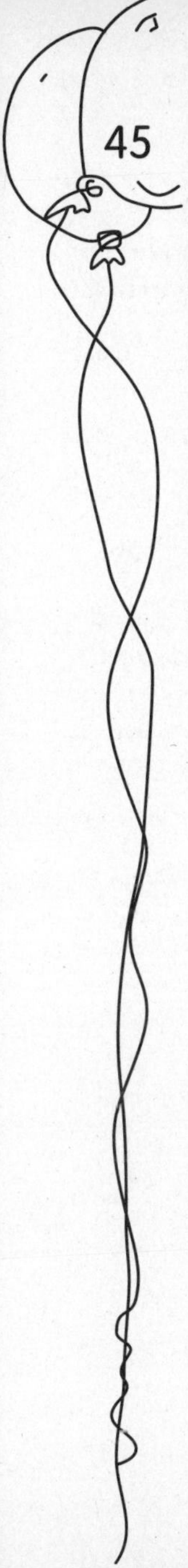

Aber wissen Sie, daß die Kontakte zwischen zwei Menschen, die sich durch ein Inserat kennenlernen, nicht erst eine Erfindung der Neuzeit sind? Natürlich ist es ein bißchen überspitzt und übertrieben, wenn ich behaupte, ich habe einmal alte Zeitungen gewälzt und dabei festgestellt, daß es sehr amüsant ist, die Heiratsabsichten aus früheren Zeiten nachzuvollziehen. Nehmen Sie es also bitte nicht allzu ernst, wenn ich Ihnen nachfolgende Heiratsannoncen vorstelle, die eigentlich gar nicht vorhanden sein können. Aber ich hab sie halt doch irgendwo und irgendwann einmal gelesen. Ich habe sie ein bißchen in die Zeit »hineinformuliert«, in der sie entstanden sein könnten. Also, passen Sie auf:

Ägyptischer Bote, Jahrgang 1500 vor Christus
Eine reizende und hübsche Priesterin der Ptah, wegen geringfügiger Vergehen aus dem Tempeldienst entlassen, doch jungfräulich wie die Mondgöttin, schlank wie der Pfeilschaft des Kriegsgottes, sieben mehr als zehn Jahre alt, möchte sich einem jungen Offizier der Wasserstreitkräfte des Nils zur Ehe geben. Sie wartet jeden Abend mit einem breiten Pfauenfächer an der dritten Säule des Isistempels beim Leuchtturm am Hafen.

Nachtausgabe Rom, Jahrgang 10 vor Christus
Römischer Legionär, ehrenvoll ausgezeichneter Hauptmann der Reserve, vom Heeresdienst entlassen und ausgesteuert, im 40. Jahr seines Lebens, mutig und stark wie der Adler, dem er diente, sucht Ehefrau. Blondes Haar und häusliche Tugend Bedingung. Germanische Freigelassene nicht ausgeschlossen.

Rom am Mittag, Jahrgang 120 nach Christus
Jüngerer Weisheitslehrer an der hohen Schule von Rom, von griechischer Herkunft, sucht eine zärtlich liebende Gattin. Sie sollte nicht mehr als 20 Jahre zählen und mag, wenn sie des Lesens und Schreibens kundig und literarisch gebildet ist, auch der Sekte der Christen angehören oder eine Hetäre sein.

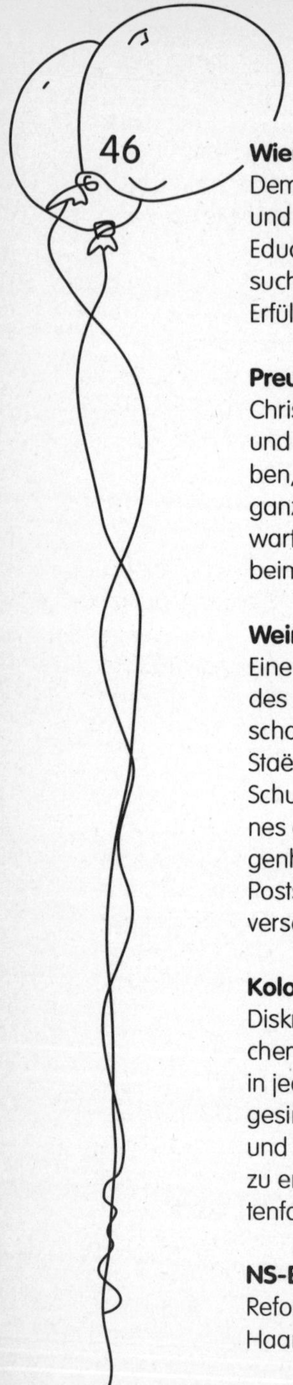

Wiener Abendblatt, Jahrgang 1775

Demoiselle, kaum 18, von exquisiter Gestalt so des Leibes und des Geistes, delicatesten Manieren und vorzüglicher Education, nicht unerfahren, unverschuldet ohne Vermögen, sucht sich an wohlmögenden Herrn auch reiferen Alters zur Erfüllung von Ansprüchen selbst in die Ehe zu geben.

Preußischer Bote, Jahrgang 1800

Christine. Sie besitzt 1 200 Thaler in baar, 6 000 an Meubeln und Geschmeide. Sie verlangt, daß der Mann, der sie will haben, einen ziemlich hohen Rang haben soll. Er soll ihr im ganzen Haus die Herrschaft lassen. Sie verspricht, in Gegenwart anderer seine Befehle entgegenzunehmen und legt beim Alleinsein Wert auf absolute Führung in der Ehe.

Weimarer Bote, Jahrgang 1850

Eine 18jährige Dame, aus einer der geachtetsten Familien des Landes, reizend wie Helena, häuslich wie Penelope, wirtschaftlich wie die Churfürstin Anna, geistreich wie Frau von Staël, eine Tänzerin wie Cheritta, eine Pianistin wie Clara Schumann, wohltätig wie die heilige Elisabeth, im Besitz eines großen, disponiblen Vermögens sucht mangels Gelegenheit solchermaßen Lebensgefährten. Möglichst einen Postsekretär, um ihm die freien Stunden seines Berufes zu verschönen.

Kolonialblatt, Jahrgang 1910

Diskretion Ehrensache. Auf diesem nicht mehr ungewöhnlichen Weg suche ich für meinen Freund, einen Biedermann in jeder Beziehung, 38 Jahre alt, christlich und vaterländisch gesinnt, in gesicherter Staatsstellung, kolonialdiensttauglich und kaisertreu, außerdem sehr wohl in der Lage eine Familie zu ernähren, eine Lebensgefährtin, wenn möglich aus Beamtenfamilie.

NS-Ehedienst, Jahrgang 1935

Reformchrist, 35 Jahre alt, 1,80 m groß, mit langem blonden Haar, Wald, Gesang und Scholle liebend, sucht Gattin, am

liebsten dienende Magd, welche aufrecht und ehrlich gemeinte Sehnsucht hat nach Blumen, Obst, Weizen, Korn, Feld, Licht und Siedlung. Eilangebote unter Chiffre: Neuer Geist, Lebensreform.

Brauner Beobachter, Jahrgang 1940
BDM-Führerin, 22 Jahre, lange glatte Haare, voll aufgeschlossen, Dauerstellung bei der Reichsführung HJ, sucht Lebenskamerad im Sinne Alfred Rosenbergs. Nichtparteigenossen und fliegendes Personal der Luftwaffe scheiden aus. Junkerschule bevorzugt.

Bonner Kurier, Jahrgang 1960
Ministerialoberdirigent, MdB, 78 Jahre, Beamter auf Lebenszeit, sucht zu vollkommener und aktiver Liebesverbindung sowie zur Inspiration neuer, tragbarer politischer Ideen die Bekanntschaft einer Dame aus dem Kreise des BDM (Bund demokratischer Matronen). Ehe bei politischer und geistiger Koordination möglich.

Neue Kommune, Jahrgang 1975
Hippie und Gammler, 18 Jahre, ungelernter Arbeiter, 1,80 m groß, langer, wallender Bart, Anhänger von Marx und Lenin, Gegner von Krieg, Establishment, Atom, Konsum und Seife, mit guten geschäftlichen Verbindungen zu Drogen aller Art, sucht Anschluß an eine Kommune, nicht unter 12 Personen. Eheähnliche Querverbindungen sind gewünscht. Eilangebote an »Kommune« Redaktion.

Nürnberger ALU-Nachrichten, Jahrgang 1990
Berufschaot, 30 Jahre, garantiert arbeitslos auf längere Sicht, doch ständig auf Demonstrationsreise im gesamten Bundesgebiet, Hauptsitz Berlin, sucht Partnerin, erfahren in Hausbesetzungen, Spezialistin in der Herstellung von Molotowcocktails mit guten Verbindungen in Dealerkreisen. Bitte nur Angebote von Leserinnen, die bereits kriminelle Erfahrungen aufzuweisen haben.

Und nun noch einen kleinen Vorausblick auf kommende Jahre. Vielleicht ist es eine Vision, vielleicht wird es einmal wahr, wer will das heute schon wissen. Auf jeden Fall könnte man vielleicht im Jahre 2020 lesen:

Pekinger New Prawda, Jahrgang 2020
Resteuropäerin, 32 Jahre, garantiert atomschadenfrei, sucht Partner, gleich welcher Herkunft. Gut ausgestattete 3-Raum-Höhle vorhanden. Englisch sprechender Chinarusse bevorzugt. Ehe oder eheähnliche Verbindung nach Vereinbarung. Bin eventuell auch als Nebenfrau einverstanden. Angebote bitte in drei Sprachen, Englisch, Russisch und Chinesisch, an die Redaktion der Pekinger New Prawda.

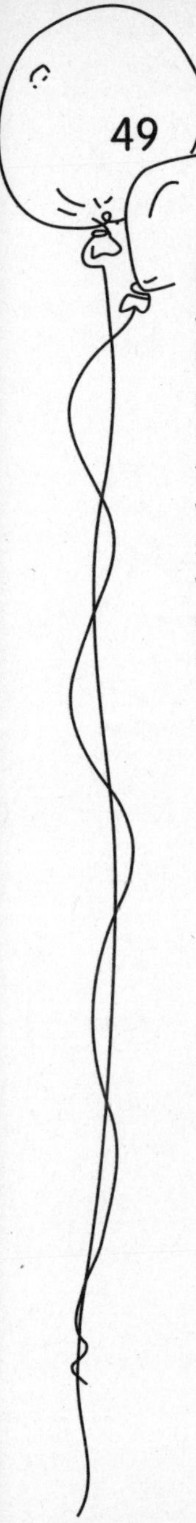

ERINNERN SIE SICH?

Meine Damen und Herren. Die Aufgabe eines Conférenciers besteht nicht nur darin, Witze zu erzählen oder Geist zu versprühen, was auch nicht immer gelingt, nein, die Aufgabe des Conférenciers besteht auch darin, einmal etwas Besinnliches so zu sagen, daß er seine Zuhörer etwas zum Nachdenken anregt. Wenn wir auf diesen Brettern stehn, die nicht nur das Geld, sondern auch die Welt bedeuten, stehn wir nicht nur wegen dieses Geldes hier oben, sondern weil wir auf etwas nicht verzichten wollen, und das ist der Applaus. Nun sind aber die Menschen manches Mal so, daß sie vieles allzuschnell vergessen. Und deshalb habe ich aus meiner lyrischen Hausapotheke dieses kleine Medikament herausgesucht, mit der Bitte, einmal darüber nachzudenken.

Ich hatte kürzlich einen Traum,
der gab zu denken mir:
Ich stand – draußen im Weltenraum
grad vor der großen Himmelstür.

Dort stand ein Mann, Sie kennen ihn,
er steht dort immer, Stund um Stund
und schaut zu uns zur Erde hin,
der Petrus mit dem Schlüsselbund.

»Wo kommst Du her?« fragt er mich mild.
Ich sagt: »Ich komm vom Rhein
aus jenem Land, das angefüllt
mit Liedern und mit Wein.

Am großen Strom liegt dieses Land
Du kennst es ganz genau:
in aller Welt ist es bekannt
als Rhein-Wein-Wonnegau.«

»Sag mir, bevor Du kommst herein,
was Du gewesen bist.«
»Ich sucht die Menschen zu erfreun,
war nur – ein Humorist.«

Da öffnet er das Himmelstor,
so weit wie man nur denkt:
»Ich öffne gern den Himmel Dir,
weil Du das Lachen hast geschenkt.«

Da trat ich ein, mit einem Mal
sah ich die liebenswerten
und unvergessnen Künstler all,
die einst der Welt das Lachen lehrten.

Die Sandrock und Karl Valentin,
die Claire Waldorff keß und frei,
zum Otto Reuter sah ich hin,
Clown Grock war auch dabei.

Dem Ostermann drückt ich die Hand,
hab Dank für tausend Lieder.
Weiß Ferdl aus dem Bayernland,
den traf ich auch dort wieder.

Ich sah das Heer der Unbekannten,
die wir so schnell vergaßen
und die doch echte Komödianten,
weil sie Humor und Herz besaßen.

Ich fragte Petrus grad heraus:
»Sind alle hier zufrieden?«
»Glaub schon«, sagt er, »nur den Applaus,
den kann ich keinem bieten.«

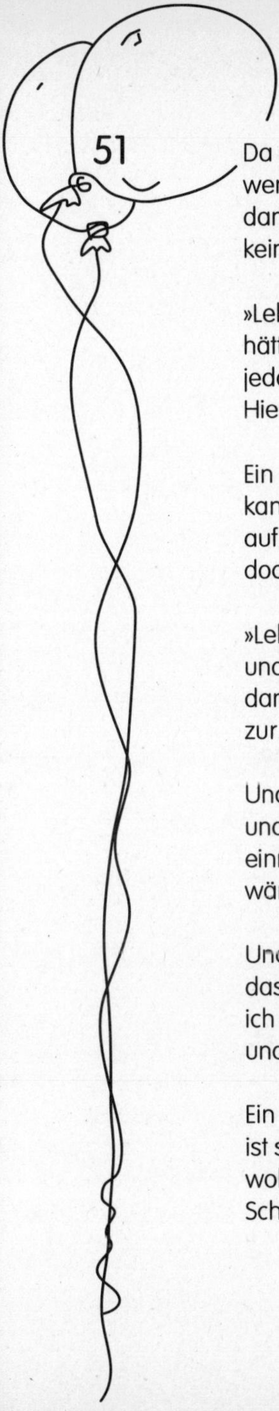

Da sagt ich: »Petrus mit Verlaub,
wenn Du den nicht kannst geben,
dann ist's im Himmel, wie ich glaub,
kein rechtes Künstlerleben.«

»Lebt wohl«, sagt ich, »dann muß ich gehn,
hätt gern bei Euch gesessen,
jedoch ich habe jetzt gesehn:
Hier hat man was vergessen.

Ein Künstler, der die Bretter liebt,
kann zwar auf viel verzichten,
auf vieles Schöne, das es gibt,
doch auf Applaus – mitnichten.«

»Leb wohl«, so sagten sie zu mir,
und siehst Du Menschen wieder,
dann grüße sie und sag, daß wir
zur Erde schauen nieder.

Und hoffen, falls wir niemand stören,
und falls wir nicht vergessen,
einmal nur noch Applaus zu hören,
wäre das sehr vermessen?«

Und ich versprach's und bin erwacht,
das ist der Welten Lauf;
ich grübelte den Rest der Nacht,
und plötzlich kam ich drauf.

Ein Traum ist schön, doch das Erwachen
ist selten mal zu loben,
wollt ihr mir eine Freude machen?
Schickt **den** Applaus nach droben.

REFERAT ÜBER DEN ALKOHOL

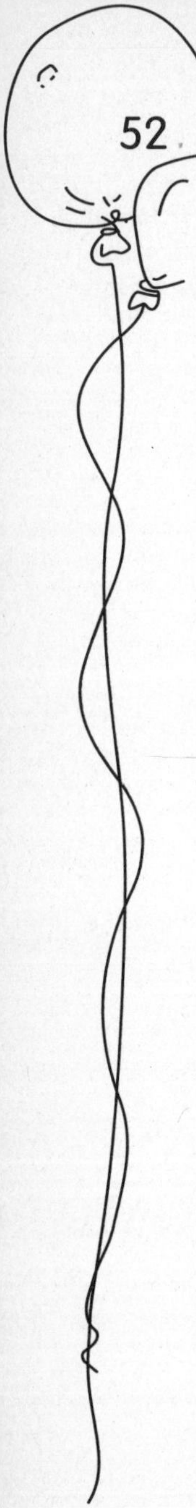

Ich erlaube mir, ein Referat über die Notwendigkeit der Einführung eines Alkoholschutzgesetzes halten zu können, das es allen Schichten unseres hochqualifizierten Volkes erlaubt, auch in frühester Zukunft das zum Volksgetränk erhobene Bier und den Wein ohne eine Denaturierung zu genießen.
Mitmenschen! Es ist eine Schande, daß die allgemeine politische Lage uns nicht in die Lage versetzt, in der Lage zu sein, einmal eine Lage auszugeben, ohne daß der Fixum, äääähh Fiskus, seine mehr oder weniger reichhaltigen Finger drin wäscht. Wir dürfen uns nicht der Illumination hingeben, daß es eines Tages möglich wäre, die zum Leben unbedingt erforderliche Menge Alkohol zu verkonsultieren, ohne dem guten Väterchen Staat seinen Obus und Anteil verabreichern zu müssen.

Ich bin dafür, bei der UNO eine Klärung pergament wichtiger Fragen zu beantragen, wobei ich mich auf die Mithilfe geistig hochqualifizierter Persönlichkeiten wie zum Beispiel mich berufe, weil ich durch den dauernden Genuß des am obigen Eingang erwähnten Stoffes geistigen Ursprungs mich zur geistigen Ellipse zählen kann, wosonsten ich aber nicht von rede. Ich möchte Sie aber bitten, unter allen Umständen dieses hochprozentige Thema mit der erforderlichen Sekretion zu behandeln, um eine Repressentalie anders gesinnter Typen gegen meine werte Persönlichkeit auszuschalten und um meiner Wahl in den Kreis präservativer Alkoholfreunde nicht im Wege zu stehen.

Ich weiß schon heute, daß die von mir eingebrachte Resultation eine wahre Flut von ordinären Beschimpfungen auf mich niederprasseln lassen wird, die ich als vornehmer Mensch natürlich nicht einfach inspirieren werde, ja, gegen die ich noch nicht einmal prostituieren werde. Nie lassen wir Anhänger des freien Alkoholismus uns unterdrücken, es sei denn von außen her durch einen schändlichen Verrat innerhalb unserer durch jahrelange Transmission gepflegten Zusammengehörigkeit zivili- und kultivisierter Kreise, und deshalb bitte ich Sie, die Gläser zu erheben und anzustoßen auf den herrlichen Dreiklang, der uns schon durch Friedrich Schiller in seinem bekanntesten

Werk Faust, 4. Teil, Absatz 5 entgegengeschmettert wird. Ich spreche natürlich nicht nur für die akademisch vorgebildeten Mitleser und Mithörer, sondern auch für die unteren Schichten unseres Volkes. Für alle jene, meinen Kreisen angehörigen hochgebildeten Mitstreiter darf ich dieses Bonnmot zunächst lateinisch aussprechen, um direkt anschließend auch für den anderen Zuhörerkreis es in einem leicht verständlichen Deutsch erklärenderweise anzuhängen. Jenen Dreiklang, der da lautet:

»Veni, vidi, vici.«
In klarem Deutsch:
»Wein, Weib und Gesang.«

54 KASKOVERSICHERT?

Wir befassen uns noch einmal mit dem Auto. Zwar gibt es noch eine ganze Reihe Möglichkeiten, sich heute in einen Unfall verwickelt zu sehen, denn nicht umsonst hat die Statistik festgestellt, daß die meisten Unfälle im Haushalt passieren. Und trotzdem – hört man von einem Unfall, denkt man zuerst an das Auto. Wie sehr dies miteinander verknüpft ist, ersehen Sie aus der Tatsache, daß zwei ältere Damen, die auf der Straße miteinander sprachen, plötzlich sahen, daß ein Balkonteil von einem Haus herunterbrach und mitten auf ein geparktes Auto fiel. Totalschaden war die Folge. Aber was sagte die eine der beiden alten Damen: »Kein Wunder, die rasen ja auch wie verrückt.«

Heute aber ist durch Versicherungen die Möglichkeit gegeben, zumindest materiellen Schaden in Grenzen zu halten. Da erinnere ich mich, daß ein Sportwagenfahrer in einem wahnsinnigen Tempo aus der Kurve getragen wurde, an einem Baum zum Stehen kam und der rassige Sportwagen nur noch ein Trümmerhaufen war. Da kam ein uraltes, verrostetes Vehikel angeklappert, der Fahrer hielt, stieg aus und sagte zu dem anderen:
»Hatten Sie einen Unfall?«
»Nein, das ist meine Art aus dem Wagen zu steigen.«
»Tut es sehr weh?«
»Nur wenn ich lache.«
»Sind Sie kaskoversichert?«
»Ja.«
»Darf ich mich zu Ihnen legen?«

Ich bin der Meinung, daß man immer dann, wenn es wirklich zu einem Unfall gekommen ist, der nur zu Blechschaden geführt hat, in einer vernünftigen Weise mit seinem Kontrahenten verhandeln sollte. Am Schluß dieses Absatzes werde ich ein Beispiel geben.
Man könnte verständlicherweise aber auch so reagieren, wie es jener Fußgänger tat, der von einem Auto angefahren wurde und anschließend unter dem Wagen lag. Der Fahrer half ihm heraus und sagte:

»Es ist zum Heulen. Ich fahre genau heute 30 Jahre Auto und habe in der ganzen Zeit noch nie einen Unfall gemacht. 30 Jahre, überlegen Sie mal.«
Da sagte der andere und betrachtete seine Schäden:
»Muß ich jetzt mit Ihnen feiern?«

Oder ein anderer Fall. An einer Kreuzung stießen zwei Autos zusammen. Beide Fahrer zeigten sich sehr vernünftig, tauschten ihre Adressen aus, beschlossen aber doch, die Polizei zu holen. Inzwischen kramte der eine einen »Flachmann« aus dem Handschuhfach, goß einen Becher ein und reichte ihn fast schon freundschaftlich dem anderen mit den Worten:
»Auf den Schrecken trinken Sie erst mal einen.«
»Danke«, sagte der andere, »Sie sind sehr freundlich.«
Als der andere den »Flachmann« wieder zuschraubte und einsteckte, sagte der, der den Cognac getrunken hatte:
»Und Sie, trinken Sie nichts?«
»Nee, nee«, sagte der, »erst wenn die Polizei da war.«

Bei allem Pech, das einen Menschen mit einem Unfall treffen kann, gibt es natürlich auch Augenblicke, die zum Schmunzeln Veranlassung geben. Dieses Mal handelt es sich nicht um karambolierende Autofahrer, sondern um zwei Radfahrer, die beide ohne Licht nachts auf dunkler Straße zusammenstießen und von ihren Rädern fielen. Während der eine dem anderen in der Dunkelheit hochhalf, strich er ihm versehentlich über die spiegelblanke Glatze:
»Um Gottes willen«, sagte er, »Sie haben sich ja die ganze Hose zerrissen.«

Also, Sie sehen, es geht auch anders. Aber ich habe Ihnen ja ein Beispiel angeboten, aus dem Sie ersehen, wie man auch miteinander verkehren kann, selbst wenn ein Unfall der Anlaß der Bekanntschaft ist. So muß ich Ihnen einmal das Protokoll vorlesen, das in einer chinesischen Stadt von einem Polizisten aufgenommen wurde, der einen Unfall zwischen zwei, wie bei Chinesen üblich, sehr höflichen Kontrahenten, zu bearbeiten hatte. Nach dieser Darstellung ging es folgendermaßen zu.
Der erste Unfallbeteiligte sagte zum anderen:

»Erhabener Ritter der Landstraße. Hoher Meister am Volant. Die Götter der Verblendung haben meinen Blick durch die Windschutzscheibe getrübt, ein böser Kobold drückte meinen ungehorsamen Fuß auf das Gaspedal, und nur so konnte es geschehen, daß ich nichtswürdiger Straßenstrauchritter, der nicht wert ist, die Spur Eurer Reifen mit dem Fuß zu berühren, mit meiner armseligen Asthmamühle der Karosserie Eures göttlichen Luxusgefährtes eine entstellende Beule beigebracht habe. Ich beuge mein unwürdiges Haupt voll tiefer Demut in den Staub der Straße und heische ergebenst um Verzeihung. Verfügt über mich und meine Börse.«

Darauf sagte der andere:
»Aber nicht doch, Euer Hochwohlgeboren. Nur ein böser Geist konnte es wollen, daß ich mit meinem lächerlichen Klappermobil, diesem Gespött der Rikschakulis und Straßenjungen, mich erkühnte, Euren Weg zu kreuzen. Und das dann gerade, als Ihr Euren wohlgeformten Fuß auf den Gashebel gedrückt habt, um mit Eurem fahrbaren Glaspalast der Nähe meines armseligen Knochenrapplers zu entgehen. Es ist mir als nichtswürdigem Besitzer eines verkehrsgefährdenden Kraftstoffvergeuders eine überaus große Ehre, alle Schuld auf mich zu nehmen.«

Daraufhin trat der Polizist, der sich dies alles angehört hatte, in Aktion und sprach:
»Hochverehrte Besitzer zweier Selbstbeweger. Habet die Güte mir freundlichst zu verzeihen, wenn ich mich erkühne, Euch höflichst zu bitten, mir gütigst zu erlauben, daß ich mir die Frechheit herausnehme, Euch alleruntertänigst darauf aufmerksam zu machen, daß Euer edles Auge, Hochwohlgeborener, das dort stehende Halteschild übersehen hat.
Ihr aber, Allergütigster, hattet die Freundlichkeit, verkehrt in jene Einbahnstraße hineinzufahren. Ihr konntet trotz Eurer augenscheinlichen Intelligenz nicht wissen, daß jener erhabene Lenker des Wagens just die Vorfahrt nicht beachtet hatte. Ihr aber, die Ihr die Vorfahrt nicht achtetet, konntet nicht erwarten, daß jener geübte Fahrzeuglenker aus der falschen Richtung kam.
Oh, laßt mir das unbeschreibliche Glück zuteil werden, als bescheidener Diener Eures Volkes Euch hier ein kleines Zettelchen auszuhändi-

gen, dessen Gegenwert Ihr, so Ihr Lust habt, mit je einem Yüan erstatten wollt. Nehmt meinen überströmenden Dank entgegen, und seid versichert, daß ich nicht schlafen werde, weil ich Euren frohen Sinn trüben mußte. Ich bleibe trotzdem Euer allzeit unterwürfiger Diener, den Ihr wie einen Wurm zertreten könntet, so Ihr es wolltet.«

Na, was sagen Sie? Wäre das nicht eine Überlegung wert, diese Umgangsformen gegebenenfalls auch bei uns einzuführen? Aber ehrlich, wollen wir das? Vielleicht müßten **wir** uns dann ja ändern …

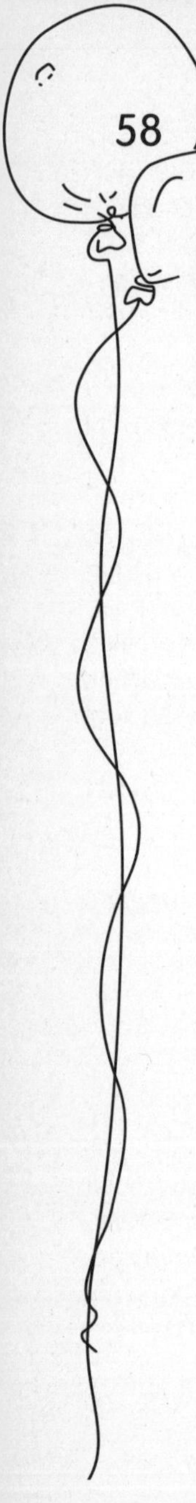

VOM LACHEN

Ich hoffe, Sie haben ein bißchen schmunzeln können, als Sie den vorangegangenen Beitrag gelesen haben. Und das brachte mir einmal eine Abhandlung in Erinnerung, die mir besonders gut gefiel, deren Verfasser ich aber leider nicht mehr weiß. In diesem Vortrag ist so vieles über das Lachen gesagt, daß ich es Ihnen nicht vorenthalten möchte:

> Die Menschheit zerfällt in zwei Kategorien. Die Lachenden und die Lächerlichen. Wer gerne lacht, wirkt selten lächerlich, wer lächerlich wirkt, lacht selten. Siehe Diktatoren und Despoten. Die Lachenden selbst teilen sich in Untergruppen. Darunter sind jene, die nach »innen« lachen. Sie sind in der Lage, sich selbst nicht ernst zu nehmen. Und damit stehen sie im Vorhof der Weisheit. Sie besitzen Humor.
>
> Wie die Sprache ist auch das Lachen ein Geschenk, welches an die undankbarsten Geschöpfe verliehen wurde. Lachen entlädt und entschlackt die Seele. Es verschönt. Breit ist die Skala des Lachens. Von der stillen Form des Schmunzelns, Lächelns und Grinsens über das Piano des Kicherns, dem Mezzoforte des Gickelns und Quiekens bis hin zum Fortissimo des Losprustens, Kreischens, Wieherns und Brüllens. Die feinste Form ist allerdings das schon erwähnte Schmunzeln. Es ist ein Solo, das keinen Widerhall sucht. Man kennt das kokette, das zufriedene, das verschmitzte oder stillvergnügte Lächeln. Es gibt das rätselhafte Lächeln der Mona Lisa, das fatale Lächeln der Inconnue de la Seine. Es ist das Lächeln, hinter dem die Tränen stehen.
>
> Ein wenig zuwider ist das Kreischen, Feixen, Meckern und Wiehern, das durch frivole Bemerkungen geweckt wird. Am Lachen aber erkennt man den Narren und den Weisen. Seine Mitmenschen lachen zu machen, ist eine ernste Angelegenheit. Es gibt kaum einen unglücklicheren Menschen als

den professionellen Spaßmacher, dessen Mittel so fein sind, daß sie das Publikum nicht versteht. Da haben wir aber noch etwas nicht erwähnt. Wie ist es eigentlich mit der guten alten Heiterkeit? Von der man heute kaum noch etwas hört? Die Heiterkeit ist die Spätlese des Ernstes, die Schwester der Güte, und sie bejaht den Sinn des Lebens. Und den der Menschen, auch da, wo sie ihn nicht begreift.

Wie finden Sie das? Gut, ja? Und das darf ich sagen, weil es ja nicht aus eigener Feder kommt.

Und damit Sie noch etwas zum Schmunzeln haben, von dem ich gerade geschrieben habe, hänge ich noch ein paar hübsche Schmunzler dran, gewissermaßen »uneingebunden« quer durch den Gemüsegarten.

In der Privatwohnung des bekannten Gynäkologen klingelt es mitten am Tage an der Tür. Die kleine Tochter im Alter von zehn Jahren öffnet, es steht eine Dame draußen und fragt nach dem Professor. Da sagt die Kleine:

»Tut mir leid, Papa ist nicht zu Hause, er ist in der Klinik und macht Kaiserschnitten.«

Bleiben wir im Ärztemilieu. So sagte eines Tages ein Hautarzt zu einem Privatpatienten:

»Übrigens, der Scheck, den Sie mir gegeben haben, ist heute zurückgekommen.«

Da sagte der Patient.

»Das trifft sich gut, mein Ausschlag auch.«

Ein sogenannter »Aussteiger«, also einer von jenen, die alles satt haben, die nur noch ein einfaches Leben führen wollen und dafür bereit sind, harte Entbehrungen auf sich nehmen, trat einem Schweigeorden mit einem schwierigen Gelübde bei. In dieser Ordensgemeinschaft durften nämlich nur alle zehn Jahre einmal und dann nur drei Worte gesagt werden. Nach den ersten zehn Jahren rief der Prior den »Neuling« zu sich und sagte:

»Du kannst sprechen, aber denke daran, du darfst nur drei Worte und kein einziges mehr sagen.«

Da sagte der »Novize«:
»Bett ist hart.«
Nach weiteren zehn Jahren wieder das gleiche. Mit Hinweis auf nur drei Worte.
»Essen ist schlecht.«
Nach dem dritten Jahrzehnt, wieder Ermahnung, nicht mehr als drei Worte:
»Ich gehe fort.«
»Das dachte ich mir«, sagte der Prior, »Du hast von Anfang an nur gemeckert.«

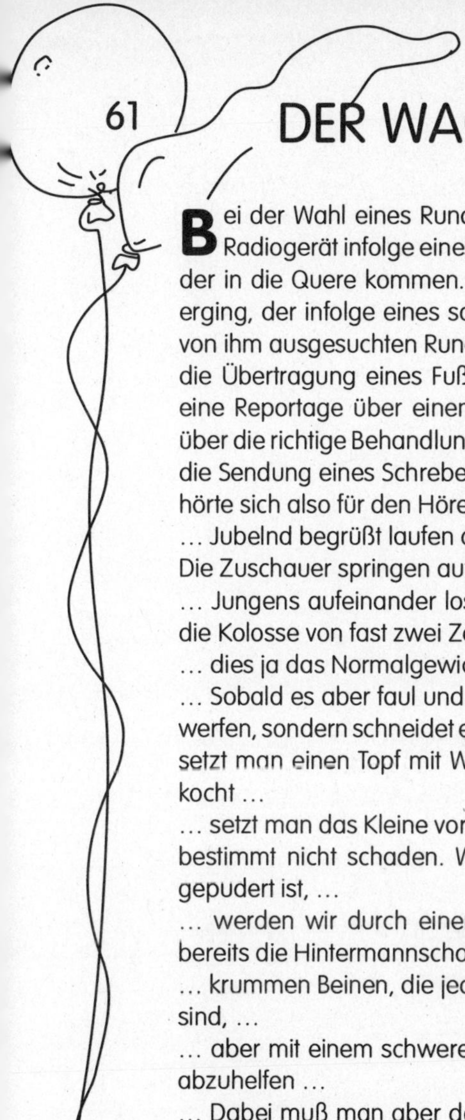

DER WACKELKONTAKT

Bei der Wahl eines Rundfunksenders kann es passieren, daß im Radiogerät infolge eines Wackelkontaktes sich verschiedene Sender in die Quere kommen. Hören Sie, wie es einem Rundfunkhörer erging, der infolge eines solchen Defektes nicht in den Genuß einer von ihm ausgesuchten Rundfunksendung kam. Es überschnitten sich die Übertragung eines Fußballspiels, ein Vortrag über Pferdezucht, eine Reportage über einen Boxkampf und eine Ratgeber-Sendung über die richtige Behandlung eines Kleinkindes. Dazu kam dann noch die Sendung eines Schrebergartenvereines über Obstverwertung. Es hörte sich also für den Hörer folgendermaßen an:

… Jubelnd begrüßt laufen die Mannschaften im Olympiastadion ein. Die Zuschauer springen auf und sehen, wie die …

… Jungens aufeinander losstürmen. Bei Gott, es ist beeindruckend, die Kolosse von fast zwei Zentnern zu sehen und zu wissen, daß …

… dies ja das Normalgewicht eines Kleinkindes ist …

… Sobald es aber faul und modrig ist, braucht man es nicht wegzuwerfen, sondern schneidet es aus und bereitet einen Fruchtsaft. Hierzu setzt man einen Topf mit Wasser auf, und wenn das Wasser richtig kocht …

… setzt man das Kleine vorsichtig hinein. Diese Temperatur wird ihm bestimmt nicht schaden. Wenn nun das Kleine trockengelegt und gepudert ist, …

… werden wir durch einen Bombenschuß begeistert. Doch da ist bereits die Hintermannschaft in Stellung gelaufen, mit ihren …

… krummen Beinen, die jedoch nur ein unwichtiger Schönheitsfehler sind, …

… aber mit einem schweren Schlag gegen den Kopf ist dem sicher abzuhelfen …

… Dabei muß man aber darauf achten, daß das Obst keine Druckstellen bekommt. In solchen Fällen wickelt man es …

… in die Windeln und wartet, bis es eingeschlafen ist …

… So hat man die Gewißheit, daß es mindestens sechs Monate in diesem Zustand bleibt …

… Jetzt erst, nach dieser relativ langen Zeit, landet der eine einen Kinnhaken und bringt den Gegner zum Taumeln …

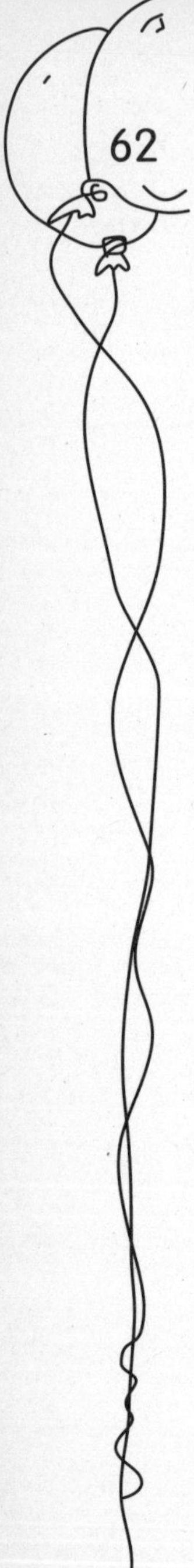

… Dies ist besonders gut für die Zahnbildung. Um diesen Vorgang zu erleichtern, hält man es gut warm, und …

… knallt es an die linke Torlatte …

… Diese schonende Behandlung fördert das Wachstum der Zähne ganz besonders. In der ersten Zeit braucht das Kleinkind nicht so sehr viel Nahrung …

… Es genügen drei Eimer Wasser, 15 Pfund Heu und 10 Pfund Hafer. Zur täglichen Pflege sollte man …

… nach dem Baden einpudern. Danach kann man es mit …

… einer sehr harten Bürste abreiben. Auch die Benutzung eines Striegels ist sehr zu empfehlen …

… So pflegt man die Haut am besten. Ist das Kleine eingeschlafen, so deckt man es zu …

… und versetzt ihm Schlag auf Schlag in die Lebergegend. Unser Favorit ist wieder wunderbar in Form. Soeben hat er dem Gegner wieder einen wuchtigen Schlag versetzt …

… aber Sie können sicher sein, daß die Überreste gut verwendet werden können. Man kann daraus eine schmackhafte Marmelade …

… machen, und so werden ihre Anhänger auch nicht durch den jetzt einsetzenden Regen in ihrer Stimmung beeinträchtigt. Die Spieler sind nun von oben bis unten mit Schlamm bespritzt …

… welcher als wohlschmeckender Brotaufstrich sehr zu empfehlen ist. Diese Marmelade …

… schmettert er nun seinem Gegner ins Gesicht …

… Das jedoch macht nichts. Zur Beruhigung gibt man ihm eine Flasche Fencheltee, und wenn es wieder vorkommt, kann man …

… zum Gegenangriff übergehen. Jetzt stehen sie frei vor dem gegnerischen Tor. Schuß! Doch der Torwart hat hervorragend reagiert und doch tatsächlich …

… in sein Bettchen gemacht, was ja einmal vorkommen kann …

… Dies ist aber kein Drama, denn man kehrt den Mist einfach zusammen und gibt ihn kleingehackt …

… dem Kleinen ins Süppchen. Bei dieser Behandlung wird der Erfolg nicht ausbleiben. Das Kleinkind wird dann …

… durch den Fleischwolf gedreht, eventuell auch durch die Fruchtpresse und anschließend luftdicht in Gläsern verschlossen …

… Außerdem haben Sie ja dann auch noch die Pferdeäpfel, …

63 … die Sie dem Kleinen am besten sonntags geben. Sollte ihm das nicht bekommen, liegt das einzig und allein am …

… Verfaulen der Äpfel. Das verhindert man, indem man ein gutes Pflanzenschutzmittel …

… den Pferden in den Hafer oder ins Trinkwasser mischt …

… So können Sie hoffen, …

… daß die Form der Mannschaft gewahrt bleibt …

… und nicht immer wieder ein so kräftezehrender Durchfall …

… den Geschmack der Marmelade beeinflußt …

… Wir wünschen Ihrem Kleinkind alles Gute …

… und hoffen, daß Sie mit Ihrem nächsten Wurf genausoviel Freude haben werden.

Die Sendung ist beendet.

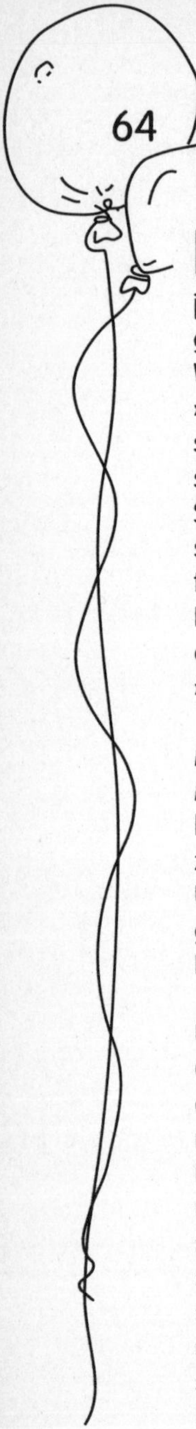

64 RUND UM DEN STEPHANSDOM

Irgend jemand hat einmal gesagt, der Herrgott müßt ein Wiener sein. Ich glaube das nicht, denn wenn der Herrgott ein Wiener wäre, wäre ja die Welt noch nicht fertig. Aber was hat Wien uns nicht alles geschenkt: Denken Sie an die wunderschöne Musik. Schon der Name Wien. Da liegt soviel Harmonie drin. Sprechen Sie einmal den Namen »Wien« aus. Schließen Sie dabei die Augen, und Sie hören das Rauschen der Donauwellen, Sie sehen Johann Strauß mit dem Taktstock stehen. Wien, das ist Musik. Das klingt ganz anders als z. B. Pforzheim. Stimmt's? Denken Sie nur einmal an den Mann aus Innsbruck, der mit seiner Familie eines Tages nach Wien fuhr und dessen Schwiegermutter dann prompt von einem Fiaker überfahren wurde. Als er nach Hause kam und am Stammtisch erzählte, was ihm passiert ist, sagte einer der Stammtischbrüder:
»Ja, ja, Wien bleibt Wien.«

Man sagt ja, daß ein echter Wiener abends ins Wirtshaus und am Morgen ins Kaffeehaus geht. Und deshalb geht er der Einfachheit halber und um der Kontinuität willen um Mitternacht gleich von einem zum anderen.
Und dann die Tradition. Da schwirren die Namen der großen Vergangenheit immer noch in den Köpfen: Metternich, Wiener Kongreß, Sissi, Kaiser Franz Joseph und und und …

Und dann die Kunst. Sämtliche Sträuße, Johann (Vater und Sohn), Girardi, der Moser, die Hörbigers, die »Burg«, Nestroy, Wiener Staatsopernballett, Robert Stolz und nicht zu vergessen, Hans Richter, österreichischer Hofkapellmeister. Eines Tages, so sagt man, stand Hans Richter am Pult vor den Musikern und wollte anfangen. Er dreht sich um und sagte:
»Lassen Sie ein Zeichen geben, damit wir endlich anfangen können.«
»Wie komme ich dazu«, sagte der andere, »das ist nicht meine Sache.«
»Nicht Ihre Sache? Was haben Sie denn sonst zu tun, Sie Esel?«
»Ich habe im Außenministerium zu tun, denn ich bin der Außenminister Seiner Majestät Graf Goloschowski und wollte Sie nur einmal kennenlernen.«

Die Anzahl der Geschichten, Anekdoten und Erzählungen rund um das Theater sind schon gar nicht mehr zu zählen. Selbst wenn sie nicht alle stimmen, selbst wenn es Anekdoten sind, die nie mit jenen passierten, denen sie zugeschrieben werden, so sind sie auf jeden Fall zauberhaft erfunden. So erzählt man sich, daß eines Tages in einem der kleineren Wiener Theater eine Uraufführung stattfinden sollte. Der Autor war eigentlich sehr unbekannt, saß im dunklen Zuschauerraum und meckerte dauernd am Hauptdarsteller herum. Dem wurde es schließlich zuviel, und er rief in den Zuschauerraum den Kernspruch des Götz von Berlichingen. Wutentbrannt rannte der Autor auf die Bühne und sagte:
»Was haben Sie da eben gesagt?«
Der Schauspieler, der ihn jetzt zum ersten Mal im Licht sah, betrachtete ihn von oben bis unten ausgiebig und sagte dann:
»Jetzt, nachdem ich Sie im Licht gesehen habe, verbiete ich es Ihnen.«

Ja, und da wäre dann noch der Radetzky. Ein Mann, der für Österreichs Politik etwa die gleiche Bedeutung hat wie z. B. Strauß für die Musik. Eine Legende also. Natürlich hat Wien sein Radetzky-Denkmal, und dort findet man sehr dekorativ den General und Feldherrn auf seinem Schlachtroß sitzen. Und mit diesem Denkmal befaßt sich eine der reizendsten Geschichten Wiens. Es ist die Geschichte eines kleinen Wiener Jungen, der allmorgendlich mit seinem Großvater spazierenging. Und eines Tages, der Großvater hätte gar nicht sagen können warum, kamen beide am Radetzky-Denkmal vorbei, und es entspann sich folgender Dialog:
»Sag einmal Großvater, wer ist denn das dort oben?«
»Das«, sagte der Großvater, »ist der berühmte Radetzky.«
»Wer war denn Radetzky?«
»Das war jemand, den ganz Österreich und besonders ganz Wien liebte.«
Damit gab der Junge sich zunächst einmal zufrieden. Aber von diesem Tage an mußte der Großvater immer mit ihm beim »lieben Radetzky« vorbeigehen, und der Kleine hielt Zwiesprache mit ihm.
Eines Tages wurde der Vater des Jungen in eine andere Stadt versetzt, und zum letzten Male gingen Großvater und Enkel beim Radetzky vorbei. Dem Kleinen liefen die hellen Tränen über die Wangen, und er sagte schluchzend:

»Auf Wiedersehen, Du lieber und schöner Radetzky. Ich muß mit Papa weg von Wien und werde Dich lange nicht wiedersehen.«
Der Großvater war ganz gerührt vom Nationalgefühl seines kleinen Enkels. Er wischte auch ein Tränchen weg und sagte:
»Weine nicht, mein Junge, irgendwann werden wir den Radetzky schon wieder besuchen.«
Und dann gingen beide wieder nach Hause, und nachdem sie ein paar Meter vom Denkmal weg waren, sagte der Kleine, immer noch schluchzend:
»Ach, Großvater, was ich Dich eigentlich immer schon fragen wollte. Wer ist denn der Mann, der auf dem schönen Radetzky sitzt?«

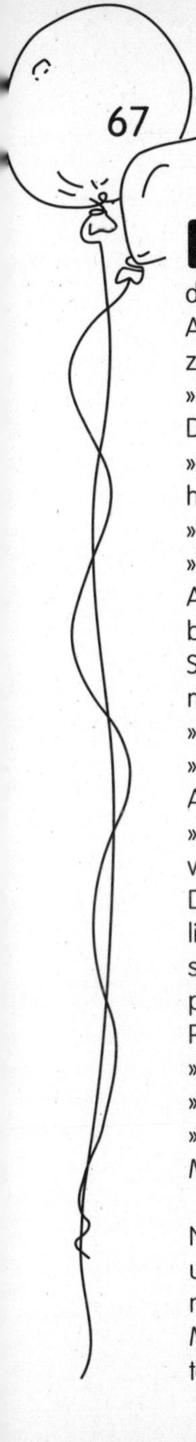

SOUTANE UND TALER

Einer der schwierigsten Berufe, weil er mit den Sorgen der Menschen zu tun hat, ist ohne Zweifel der Beruf des Seelsorgers. Ist es deshalb nicht verwunderlich, daß auch dieser Beruf dem Streß des Alltags unterliegt? Ich hörte z. B. von einem katholischen Pfarrer, der zu seinem Psychiater ging und sagte:
»Herr Doktor, ich fühle mich miserabel.«
Der Arzt untersuchte ihn und meinte:
»Das ist gar kein Wunder, Hochwürden, Sie sind mit den Nerven total herunter. Sie brauchen ganz dringend Tapetenwechsel.«
»Wie soll ich das machen«, fragte der Pfarrer.
»Sie müssen einmal heraus aus Ihrem schweren Beruf«, sagte der Arzt. »Sie müssen sich einmal eine Vertretung für Ihre Gemeinde besorgen, und – so fängt es erst einmal an – die Soutane in den Schrank hängen. Die erinnert Sie ja ständig an Ihren Beruf. Und dann machen Sie einmal etwas völlig anderes, Verrücktes.«
»Was verstehen Sie darunter?« fragte Hochwürden.
»Gehen Sie doch heute abend einmal in eine Nachtbar«, meinte der Arzt, »damit Sie mal was anderes sehen.«
»Ein Geistlicher in einer Nachtbar«, entsetzte sich der Pfarrer, »ob das wohl das richtige ist?«
Doch der Arzt überzeugte ihn, und Hochwürden kleidete sich tatsächlich zivil und ging am Abend in eine Nachtbar. Ganz hinten in der Ecke saß er und hatte einen Whisky für 30 Mark bestellt. Und da kam plötzlich eine »oben ohne«-Bedienung auf ihn zu, mit großer roter Perücke, grell geschminkt und sagte:
»Guten Abend, Hochwürden.«
»Oh«, sagte der Pfarrer erschrocken. »Sie kennen mich?«
»Natürlich«, sagte sie, »wir haben doch denselben Psychiater, ich bin Martha, die Gemeindeschwester.«

Nein, leicht haben es die Herren der Geistlichkeit mit uns sicher nicht, und ich glaube, daß auch sie einen guten Schuß Humor besitzen müssen, um helfen zu können, wenn sie mit den Gegebenheiten der Menschen und ihrer Erde konfrontiert werden. Ein entfernter Verwandter von mir ist ebenfalls in diesem schweren Beruf tätig. Er ist Missionar

und lebt in Afrika, um dort die Eingeborenen für das Christentum zu gewinnen. So war er auch eines Tages in einem kleinen Dorf und hatte einen jungen Mann dem Christentum zugeführt. Er stellte ihn ins Wasser, taufte ihn und sprach:
»Lieber Owambo, ich habe Dich ins Wasser gestellt und getauft. Du heißt ab sofort nicht mehr Owambo, sondern Johannes und darfst freitags kein Fleisch mehr essen.«
Und dann zog er weiter, kam aber nach einigen Wochen unverhofft an einem Freitag wieder in dieses Dorf. Und da erwischte er Johannes, als er gerade eine Hammelkeule zwischen den Zähnen hatte. Das Fett lief ihm herunter, und als er den Missionar sah, blieb ihm vor Schreck der Bissen im Hals stecken. Der Missionar aber rief:
»Johannes, ich habe Dich ins Wasser gestellt, habe Dich getauft und gesagt, daß Du nicht mehr Owambo, sondern Johannes heißt und freitags kein Fleisch mehr essen darfst. Und heute, am Freitag, erwische ich Dich mit einer Hammelkeule. Was hast Du dazu zu sagen?«
Da sprach der tief erschrockene Johannes:
»Oh Massa Missionar, ich habe den Hammel ins Wasser gestellt, habe ihn getauft und zu ihm gesagt: Du heißt ab sofort nicht mehr Hammel, sondern Schellfisch.«

In den Städten muß logischerweise der Kontakt innerhalb der Gemeinde etwas weniger fest sein, als es auf dem Lande noch üblich ist. Daher werden Geistliche in ländlichen Gemeinden auch mit Dingen konfrontiert, die in der Stadt nicht vorkommen. Ich hatte mich anläßlich eines Kurzurlaubs in einer kleinen Gemeinde mit dem Pfarrer des Ortes ein wenig angefreundet. Ich wohnte neben dem Pfarrhaus, und so ergab sich ein netter und lieber Kontakt mit dem schon älteren Herrn. Das Sympathische an ihm war, daß er weniger die Bibel, dafür aber mehr Herz und Verständnis zeigte. Durch seinen Humor war der »erhobene Zeigefinger« nicht seine Art. Eine solche nachsichtige und liberale Einstellung hat natürlich hier und da auch einmal ihre Nachteile. Da er in seinem Alter nicht mehr so frei sprechen konnte, legte er sich jeden Sonntag vor der Predigt ein Manuskript auf die Kanzel. Eines Tages nahmen ihm die jungen Burschen des Ortes kurz vor der Predigt das letzte Blatt weg. Und so merkte er es erst, als er seine Predigt fast zu Ende geführt hatte. Er sagte also auf der Kanzel:

»Und Adam sprach zu Eva ...« Er wendete das Blatt um und sah die leere Stelle und fuhr fort:
»... wer hat denn da das Blatt weggenommen?«

Wieviel echten Humor er hatte, merkte ich, als er von seiner vorgesetzten Dienststelle die Anweisung erhielt, weniger konservativ, dafür etwas »moderner« zu predigen. Als eines Sonntags zwei Herren dieser Dienststelle auftauchten und der Predigt beiwohnen wollten, um zu sehen, wie man ihre Anordnung befolgte, machte der alte Herr folgendes. Er hüpfte auf die Kanzel und rief:
»Trari, Trara, die Post ist da. Mal sehn, was sie uns gebracht hat. Ah – einen Brief von Paulus, wollen wir mal sehen, was er uns geschrieben hat.«

Von diesem Tage an ließ man ihn so predigen, wie er es für richtig hielt. Nun war er aber nicht nur ein beliebter Geistlicher, sondern auch ein Gourmet. Eines seiner vielen Laster in diesem Punkte waren Weinbergschnecken. Die Weinbauern der Gemeinde sammelten sie und brachten sie ins Pfarrhaus, wo sie von der Köchin des Pfarrers zur Delikatesse hergerichtet wurden. Als ich einmal zu den Bauern sagte, was sie für einen netten Pfarrer hätten, sagten sie:
»Ja, den geben wir auch nicht her. Der frißt unser Ungeziefer.«

Nun lassen Sie mich noch einmal ganz kurz erzählen, was ihm einmal passierte, als er den Besuch eines Jesuitenpaters erhielt. Dieser wohnte einen Tag im Pfarrhaus und war natürlich auch Gast am Tisch des Pfarrers. Die Köchin hatte zwei knusprige Hähnchen gebacken, beide langten zu, und da wurde Hochwürden zu einer Amtshandlung gerufen. Ganz in Gedanken aß in der Zwischenzeit der Jesuitenpater auch das zweite Hähnchen, das eigentlich dem Pfarrer gehörte. Als der nun zurückkam, fand er nur noch den leeren Teller vor. Als guter Gastgeber sagte er nichts, sondern lud seinen Gast ein, mit ihm Hof und Garten zu besichtigen. Sie gingen hinaus, und der Jesuitenpater sagte im Hühnerhof:
»Lieber Bruder, Sie haben eine schöne Schar Hühner und auch einen stolzen Hahn.«
Da konnte Hochwürden es sich nicht verkneifen, zu sagen:
»Der kann auch stolz sein. Er hat ja zwei Söhne bei den Jesuiten.«

In diese kleine Gemeinde kam eines Tages ein Zirkus und gastierte ein paar Tage. Ein Mitglied des Zirkus ging auch zur Beichte. Als der Pfarrer ihm die Beichte abgenommen hatte, fragte er:
»Kenne ich Dich nicht, mein Sohn?«
»Nein«, sagte der, »ich bin mit dem Zirkus hier.«
»Und was machst Du beim Zirkus?«
»Ich bin Akrobat, Hochwürden.«
»Was ist denn das, Akrobat?«
Daraufhin machte der Artist aus Gefälligkeit dem Pfarrer ein paar Handstände und Salti vor. Da standen in der Nähe ein paar ältere Damen, und als sie das sahen, sagte die eine:
»Heute hat Hochwürden aber eine merkwürdige Art der Bußübung. Da werde ich doch zuerst nach Hause gehen und einen Schlüpfer anziehen.«

Einmal kam ein junger Bursche des Ortes zu ihm und beichtete, daß er beinahe bei einer jungen Dame, die er besucht hatte, schwach geworden wäre. Sie hätte es ihm aber auch allzu leicht gemacht, entschuldigte er sich, aber er hätte im letzten Moment doch Angst bekommen, und Hochwürden möge ihm eine schwere Buße auferlegen. Der Pfarrer kannte seine Schäfchen und sagte:
»Also gut. Du gehst hinter das Dorf auf die große Wiese dort und mähst das gesamte Gras. Wenn Du das getan hast, bringst Du es auf einen Haufen, betest so lange bis es Heu ist und frißt es dann auf, denn Du bist das größte Rindvieh in unserem Ort.«

Vor allem die jüngeren Priester verstehen es doch heute sehr gut, auf die Probleme der jungen Leute einzugehen. Von einem solchen, fortschrittlichen und verheirateten evangelischen Pfarrer handelt das folgende Gedicht:

Im Pfarrhaus einer kleinen Gemeinde am Rhein
zog ein junger, verheirateter Pfarrer ein,
der wollte, entgegen der Meinung der Alten,
sein Seelsorgerwirken moderner gestalten.

So hielt eines Tags er, wie's seine Pflicht
bei Konfirmanden den Unterricht.

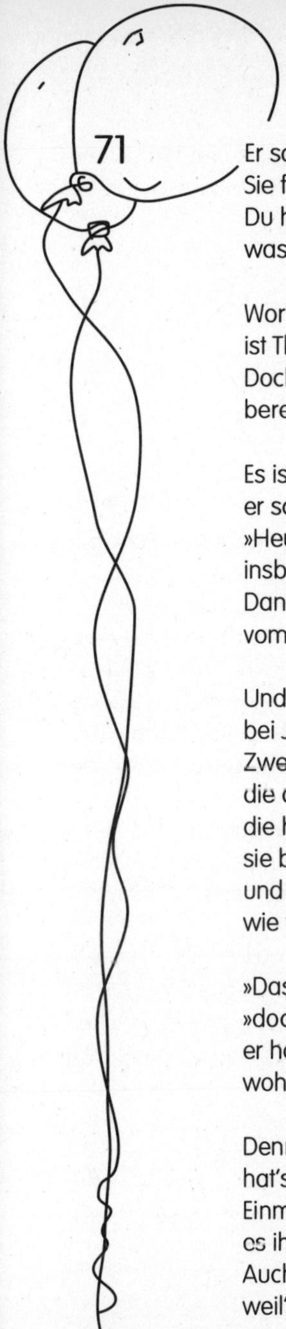

71

Er sagt seiner Frau: »Ich geh jetzt hinüber.«
Sie fragt interessiert: »Du, sag mal, mein Lieber,
Du hast mir ja heute noch gar nicht erzählt,
was Du für ein Thema Dir aus hast gewählt.«

Worum es ihm heute im Unterricht geht,
ist Thema Liebe und Sexualität.
Doch dies seiner jungen Frau zu sagen,
bereitet ihm großes Unbehagen.

Es ist ihm peinlich, er weiß nicht warum,
er schwindelt ein wenig und sagt darum:
»Heut sprech ich vom Sport und seinen Regeln
insbesondre vom Wassersport und vom Segeln.«
Dann geht er und spricht, das sei hier verraten,
vom Thema, dem heiklen und delikaten.

Und fand, wie es scheint, mit viel Diskretion
bei Jungen und Mädchen den richtigen Ton.
Zwei Mädchen, zwei seiner Konfirmanden,
die diesen Unterricht »Spitze« fanden,
die haben die junge Frau Pfarrer gesehn,
sie blieben begeistert kurz bei ihr stehn
und schwärmten dabei ununterbrochen,
wie toll er über dies Thema gesprochen.

»Das freut mich«, sagte die Pfarrersfrau,
»doch denke ich nach, da weiß ich genau,
er hat doch kaum Ahnung, ich bin wirklich platt,
woher das profunde Wissen er hat.

Denn er ist darin nicht sehr routiniert,
hat's meines Wissens nur zweimal probiert.
Einmal, da wurde, bedenk ich das recht,
es ihm richtig übel, es wurde ihm schlecht.
Auch beim zweiten Mal blieb er nicht ungeschoren,
weil's stürmisch war, hat er die Mütze verloren.«

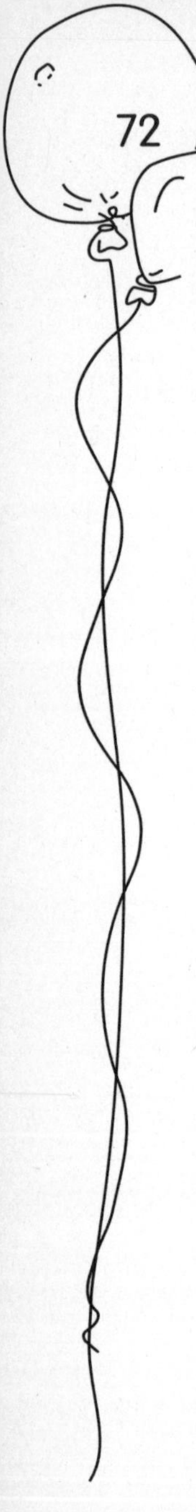

HOPFEN UND MALZ

Wissen Sie überhaupt, wie das Bier entstand? Ich habe nach langem Recherchieren nunmehr herausgefunden, wo der Ursprung des Bieres zu suchen ist. Diese Version wird auch allen wissenschaftlichen Nachforschungen standhalten, und es wäre zu wünschen, daß jeder über die Herkunft dieses edlen Getränkes Bescheid wüßte. Also, passen Sie auf:

Erfunden wurde das Bier von den alten Ägyptern. Es wurde ein Getränk, das so beliebt dort wurde, daß man ihm zuliebe sogar Denkmäler errichtete, die heute noch zu bewundern sind. Man hat sie, dem Bier zufolge, auch die Bieramiden genannt.
Dann entdeckten die Ägypter eines Tages, daß dieses Bier ja ein enorm wichtiges Exportgut sei. Und so verschickten sie das Bier über das Mittelmeer hin zum europäischen Kontinent. Was lag näher, als den kürzesten Weg zu wählen, und so kam das Bier nach Griechenland. Das nahm solche Ausmaße an, daß man dort eigens dafür einen Hafen schuf, der heute noch existiert; man nannte ihn, des Bieres wegen, Bieräus.

Doch dann trat das Bier seinen Siegeszug durch die einzelnen Länder an. Über Italien kam es nach Spanien, wurde dort so beliebt und bekannt, daß man sogar ein Gebirge nach ihm benannte. Wir kennen es heute noch unter dem Namen Bierenäen.
Über Frankreich gelangte das Bier dann sogar nach England, wurde beliebt und viel getrunken, und so nannte man sogar einen Dichter nach diesem Getränk, und das war Shakesbier.

Der Weg des Bieres war nun nicht mehr aufzuhalten. Es kam dann nach Deutschland, und dort wurde es gleich in Karteien und Ämtern erfaßt, und so entstand in Deutschland die Bierokratie. Aber nicht nur diese, denn in der Nachfolge machte man sich auch hier noch Gedanken darüber, wie man die Folgen allzu hohen Biergenusses bekämpfen könnte. Die Folgen also, die sich in Übelkeit und Kopfschmerzen niederschlugen. Und da kam ein Apotheker auf die Idee, ein Mittel zu schaffen, das gegen diese Folgeerscheinungen des Bieres helfen und sie lindern konnte, und so haben wir seit dieser Zeit in Deutschland und darüber hinaus das Bieramidon.

Und da beim Genuß von Bier, in größeren Mengen versteht sich, der damit Gefüllte automatisch lauter wird, bin ich dafür, etwas zu unternehmen. Nichts liegt mir aber ferner, als die Gegner der Stimmungsmache gegen die Nichteinführung der Antilärmbewegung nicht mit allen mir zu Gebote stehenden Mitteln nicht zu bekämpfen.
Moment mal, was wollt ich denn jetzt eigentlich sagen? Wissen Sie's?

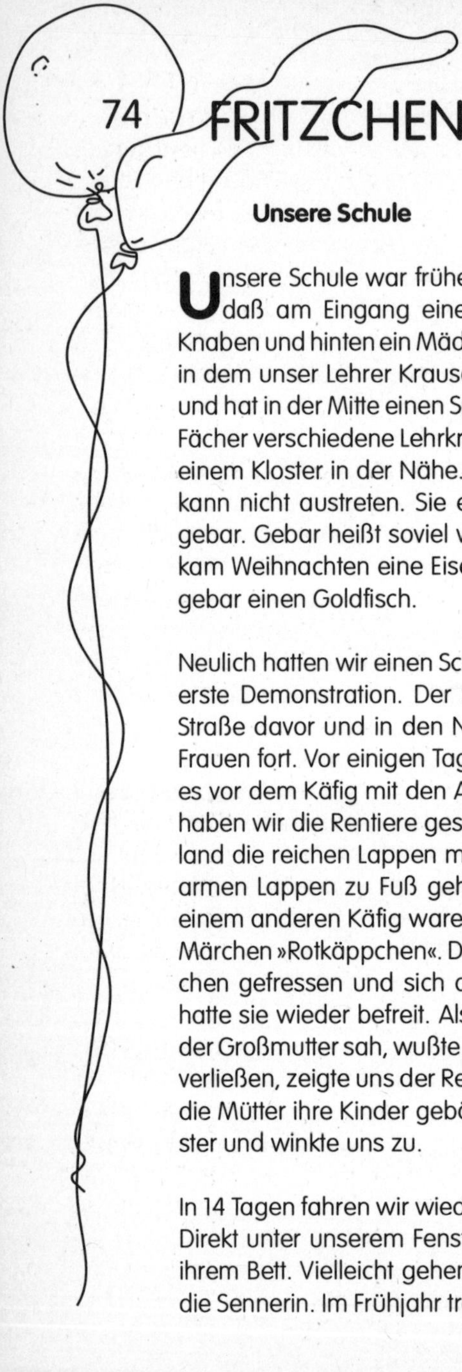

74 FRITZCHEN KLOOS AUFSATZ

Unsere Schule

Unsere Schule war früher ein Waisenhaus. Das sieht man daran, daß am Eingang eine eingehauene Frau ist, die vorne einen Knaben und hinten ein Mädchen empfängt. Wir haben einen Schulhof, in dem unser Lehrer Krause sehr oft die Aufsicht hat. Er ist sehr groß und hat in der Mitte einen Springbrunnen. Wir haben für die einzelnen Fächer verschiedene Lehrkräfte. In Religion haben wir eine Nonne aus einem Kloster in der Nähe. Dort muß sie lebenslänglich bleiben und kann nicht austreten. Sie erzählte uns neulich, daß Maria ein Kind gebar. Gebar heißt soviel wie bekommen, kriegen, erhalten. Ich bekam Weihnachten eine Eisenbahn, Mama erhielt eine Uhr und Oma gebar einen Goldfisch.

Neulich hatten wir einen Schülerstreik. Das war sehr lustig und meine erste Demonstration. Der Schulhof war voll Menschen, und in der Straße davor und in den Nebenstraßen pflanzten sich Männer und Frauen fort. Vor einigen Tagen waren wir im Zoo. Am schönsten war es vor dem Käfig mit den Affen. Unser Rektor war auch dabei. Dann haben wir die Rentiere gesehen. Unser Rektor erzählte, daß in Lappland die reichen Lappen mit Rentiergespannen fahren, während die armen Lappen zu Fuß gehen. Daher der Ausdruck »Fußlappen«. In einem anderen Käfig waren die Wölfe. Ich kenne sie schon aus dem Märchen »Rotkäppchen«. Dort hatte ja ein Wolf Oma und das Rotkäppchen gefressen und sich als Großmutter verkleidet. Aber der Jäger hatte sie wieder befreit. Als er ins Haus kam und den dicken Bauch der Großmutter sah, wußte er gleich was passiert war. Als wir den Zoo verließen, zeigte uns der Rektor gegenüber das Krankenhaus, in dem die Mütter ihre Kinder gebären. Eine Gebärmutter sah aus dem Fenster und winkte uns zu.

In 14 Tagen fahren wir wieder ins Landschulheim. Das liegt in Bayern. Direkt unter unserem Fenster wälzt sich die Isar wie eine Königin in ihrem Bett. Vielleicht gehen wir wieder einmal auf die Alm. Dort lebt die Sennerin. Im Frühjahr treibt der Senne dann das Vieh auf die Alm.

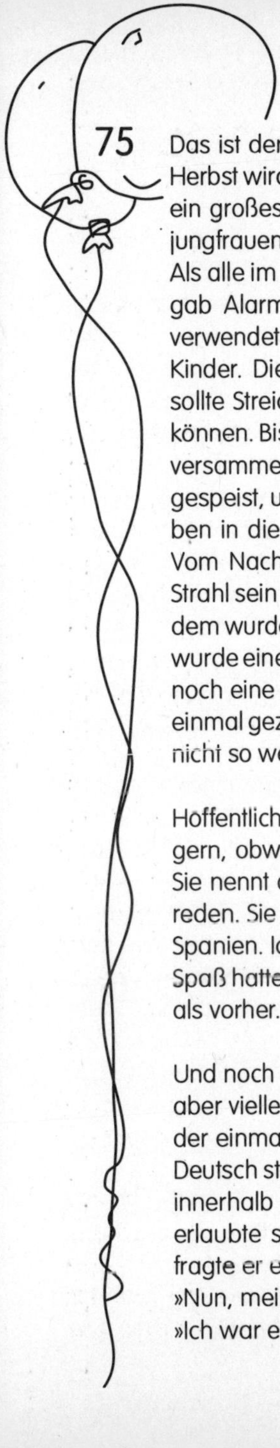

Das ist der Auftrieb. Dann setzt dort ein lustiges Treiben ein, und im Herbst wird abgetrieben. Als ich im letzten Jahr dort war, fand gerade ein großes Feuerwehrfest statt. Mit Blaskapelle, Festzug und Ehrenjungfrauen. Eine Ehrenjungfrau ist wie ein Ehrendoktor. Keine richtige. Als alle im Festzelt waren, brach beim Bauer Huber ein Brand aus. Es gab Alarm. Es brannte, weil beim Huber Kinder zum Viehfüttern verwendet wurden. Schuld an solchen Bränden sind immer wieder Kinder. Diese entstehen durch Unvorsichtigkeit und Spielerei. Man sollte Streichhölzer nie so aufbewahren, daß sie Kinder bekommen können. Bis zum Eintreffen der freiwilligen Feuerwehr, die ja im Festzelt versammelt war, wurde das Feuer aus der Jauche des Geschädigten gespeist, und zwar durch tragende Mädchen und Einschütten derselben in die Pumpen der inzwischen eingetroffenen Pflichtfeuerwehr. Vom Nachbardach aus gab der Bauer Hinterwurzer mit kräftigem Strahl sein Wasser ab, um sein eigenes Anwesen zu schützen. Außerdem wurden alle Öffnungen der Nachbarn mit Mist verstopft. Gerettet wurde eine alte Kommode, die Schwiegermutter des Brandstifters und noch eine alte Sau, die aber gestohlen wurde. Der Brand hat wieder einmal gezeigt, daß man Sorge dafür tragen muß, daß der Brandplatz nicht so weit vom Spritzenhaus entfernt ist.

Hoffentlich gefällt unserer Lehrerin der Aufsatz. Wir haben sie alle sehr gern, obwohl sie mich mehrere Male in der Woche allein dabehält. Sie nennt das Nachsitzen. Aber mir ist egal, was die Leute über uns reden. Sie war übrigens vor einiger Zeit 14 Tage auf Hochzeitsreise in Spanien. Ich glaube, daß es ihr nicht gefallen hat und daß sie keinen Spaß hatte. Denn sie ist nicht ein bißchen braun, sondern noch blasser als vorher.

Und noch ein bißchen etwas aus der Schule. Da gibt es die sehr alte, aber vielleicht auch deshalb so einmalige Geschichte des Schulrates, der einmal eine kleine Dorfschule besuchte. Da gerade Unterricht in Deutsch stattfand und über die deutschen Dichter gesprochen wurde, innerhalb dieses Themas aber Heinrich von Kleist an der Reihe war, erlaubte sich der Schulrat eine kleine Prüfung der Schüler. Und so fragte er einen in der ersten Bank sitzenden Jungen:

»Nun, mein Sohn, was weißt Du vom zerbrochenen Krug?«

»Ich war es nicht gewesen«, sagte der Schüler.

Da drehte sich der Schulrat zum Lehrer um und sagte:
»Haben Sie das gehört?«
Der Lehrer antwortete:
»Herr Schulrat, das ist der Sohn achtbarer Eltern, und wenn der sagt, er war es nicht, dann war er es wirklich nicht.«
Da eilte der Schulrat zum Rektor und erzählte ihm empört, was passiert war. Der aber sagte:
»Aber Herr Schulrat, machen Sie doch nicht so ein Theater wegen des alten Kruges. Hier haben Sie 10 Mark. Kaufen Sie einen neuen.«
Jetzt ging der Schulrat in die Stadt aufs Schulamt und erzählte dem Oberschulrat, was ihm in dieser Klasse und beim Rektor passiert war.
Der Oberschulrat hörte sich's gelangweilt an und sagte:
»Was, der Rektor, der alte Geizkragen hat Ihnen 10 Mark gegeben, dann hat der ihn auch kaputtgemacht.«

EHE

Frauen wären die bezauberndsten Geschöpfe, wenn man ihnen in die Arme sinken könnte, ohne ihnen dabei in die Finger zu fallen. Ich habe Pech gehabt mit meinen Frauen. Die erste ist mir davongelaufen und die zweite nicht. Deswegen gebe ich auch Junggesellen gerne einmal einen Ratschlag. Sie wissen, was ein Junggeselle ist? Das ist ein Mann, der jeden Morgen aus einer anderen Richtung ins Geschäft kommt. Was mich ärgert, ist die Tatsache, daß diese Brüder nur herumhocken, nicht heiraten und sich trotzdem vermehren.

Diesen Junggesellen gebe ich trotzdem folgenden Rat. Glauben Sie bitte nicht, Sie könnten eine eventuelle Ehe ohne Streit führen. Abgesehen davon, daß dies langweilig wäre (denken Sie nur daran, was für Möglichkeiten Sie haben, nach kaltem Ehekrieg die heißen Friedensverhandlungen zu führen), würden Sie schnell feststellen, daß irgendwo im Ehemenue das Dessert fehlen würde. Ich spreche da aus Erfahrung, denn ich habe sehr oft Streit mit meiner Frau. Meine Herren, es ist wunderbar. Wir sprechen ja wochenlang nichts miteinander. Wir machen alles per Zettel, d. h. alles natürlich nicht, aber doch einen großen Teil. Ich lege ihr Zettel hin, sie legt mir Zettel hin; ich habe ihr z. B. vor ein paar Tagen einen Zettel hingelegt und geschrieben: »Brauche dringend frische Socken, die alten sind heute nacht umgefallen, und der Nachbar wurde wach.« Gestern schrieb sie mir einen Zettel, auf dem stand: »Ich bin heute abend im Kino, das Essen steht im Kochbuch, Seite 10.« Natürlich führt es auch manches Mal zu Mißverständnissen. So legte ich vor einiger Zeit meiner Frau einen Zettel auf den Nachttisch und habe geschrieben: »Bitte um 7 Uhr wecken.« Ich wurde um 9 Uhr wach, da lag ein Zettel auf meinem Nachttisch: »Es ist 7 Uhr, aufstehen.«

Aber irgendwie lernt man es, sich an Ehestreit zu gewöhnen. Ich habe das auch nicht gewußt, aber vor längerer Zeit waren wir mal auf einer wunderschönen Party. Es war ein großes kaltes Büffet da, und Sie glauben gar nicht, was einer essen kann, wenn er eingeladen ist. Ich habe mir z. B. an diesem Abend sechsmal geholt, bis meine Frau sagte:

»Hol nicht so oft. Die Leute glauben, daß Du verfressen wärst.«
Darauf ich:
»Das glauben die Leute bestimmt nicht, denn ich sage jedesmal es wäre für Dich.«
Na ja, auf jeden Fall habe ich an diesem Abend einen alten Herrn kennengelernt. Er war 95 Jahre und sah höchstens aus, als wäre er Anfang 60. Ich habe mich nachher mit ihm unterhalten und dabei gesagt:
»Es ist toll, wie Sie mit 95 Jahren aussehen. Ich hätte Sie höchstens für 65 gehalten. Wie machen Sie das?«
»Schauen Sie«, sagte er, »als ich vor 70 Jahren meine Hulda geheiratet habe, haben wir uns am Hochzeitstag versprochen, daß der, der schuld am Streit ist, das Haus verläßt, ein paar Stunden spazierengeht und daß, wenn er zurückkommt, alles vergeben und vergessen ist. Sehen Sie, auf diese Weise bin ich von 70 Jahren Ehe 60 Jahre an der frischen Luft gewesen.«
Ist das denn nicht eine herrliche Einstellung, die wir alle ein bißchen praktizieren sollten? Aber so schnell kann man sich bei einem älteren Knaben oder einem späten Mädchen täuschen. Ich hatte vor einiger Zeit eine Seniorenveranstaltung. Das kennen Sie sicher auch. Die Stadtverwaltungen laden die ältesten Bürger ein, es gibt Kaffee und Kuchen, ein Fläschchen Wein usw. An diesem Nachmittag hatte man den alten Leutchen noch ein buntes Varietéprogramm spendiert, und zwischendrin machte ich mit meinen Gästen ein kleines Quiz. Ich habe natürlich nur leichte Fragen gestellt, nicht Symphonien von Beethoven u. ä., sondern Fragen, die auch ein 90jähriger noch beantworten kann. Z. B. habe ich gefragt: »Wo steht der Kölner Dom und ähnliches.« Gewonnen hatte eine alte Dame von 88 Jahren. Ich habe sie auf die Bühne geholt und habe ihr mit meiner Gratulation den 1. Preis überreicht. Das war ein großer Geschenkkorb mit Schnaps, Wein, Konserven, Würsten und Schinken. Na, Sie werden es kennen. Aber sie konnte ihn nicht allein tragen, und da bat ich den Mann, auf die Bühne zu kommen. Der war, wie ich erfuhr, schon 96 Jahre und wurde von zwei Sanitätern auf die Bühne geführt. Als der den Schnaps und Wein im Korb sah, konnte er plötzlich ganz allein laufen. Er nahm seine Frau in den Arm und gab ihr vor lauter Freude über den Gewinn einen dicken Kuß. Nach ein paar Sekunden habe ich ihm auf die Schulter geklopft und gesagt:

»Würden Sie bitte aufhören. Wir müssen weitermachen.«
Glauben Sie, der hätte seine Frau losgelassen? Der Kuß dauerte sage und schreibe 5 Minuten. Dann ließ er sie los. Ich habe zu ihm gesagt:
»Na, Sie sind ja ein toller Hecht? Das war ja ein Kuß wie in alten Zeiten!«
Ganz außer Atem schnaufte er:
»Aber ich konnte doch nicht aufhören. Unsere Brücken hatten sich verhakt.«

Nun, man sollte nicht übersehen, daß trotz alledem die Ehe von allen Institutionen die dürftigste Propaganda hat. Aber was den Umsatz angeht, ist sie nicht zu überbieten. Sie ist, wenn Sie so wollen, ein Vertrag, in dem ein Mann sich verpflichtet, die Hälfte seiner Lebensmittel abzugeben, damit ihm die andere Hälfte gekocht wird.
Ich hatte vor längerer Zeit einmal Gelegenheit, an einer richtigen zünftigen Bauernhochzeit teilzunehmen. Der Bräutigam kam aus etwas weniger begüterten Kreisen und war demzufolge sehr aufgeregt, als er die reiche Bauerntochter zum Altar führte. Er war so aufgeregt, daß er den Pfarrer küßte und der Braut ein Trinkgeld hab. An der Tafel fanden sich nachher zum Hochzeitsschmaus fast 100 Personen ein. Natürlich war auch der Pfarrer eingeladen. Da er keinen Alkohol trinken wollte, sondern bat, man möge ihm ein Glas Milch geben, schütteten ihm die jungen Leute einen Schnaps in die Milch. Und das muß ihm sehr gut geschmeckt haben, denn er hat im Laufe des restlichen Tages ganze 24 Glas Milch getrunken. Und gegen 23 Uhr sagte er mit etwas schwerer Zunge:
»Kann ich bitte noch ein Glas Milch haben? Das ist ja eine dolle Kuh.«
Besonders liebenswert war die junge Frau. Schon vor dem Kaffeetrinken sagte sie zu ihrem Ehemann:
»Komm Karl, laß uns schon verschwinden.«
»Das geht nicht«, sagte er, »das fällt jetzt auf.«
Zwischen Kaffee und Abendessen wieder:
»Wollen wir jetzt gehn?«
»Nein, Liebling«, sagte er wieder, »die gucken alle her. Jetzt nicht.«
Als das Abendessen vorüber war, fragte sie wieder:
»Aber jetzt, Karl, jetzt gehn wir, ja?«
Und er sagte:
»Ja, aber nicht sofort, Ich verspreche Dir, daß wir mit den Hühnern schlafen gehn.«

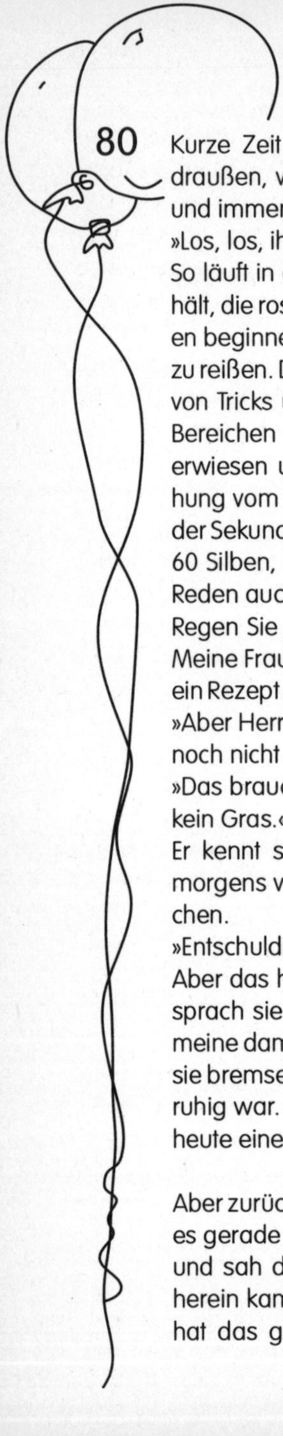

Kurze Zeit später suchte er seine junge Frau. Er fand sie im Hof draußen, wo sie mit wehendem Schleier hinter den Hühnern herlief und immer rief:
»Los, los, ihr faules Volk. Schluß heute. Es ist viel später als ihr denkt.«
So läuft in der Ehe meist alles ganz gut, bis der Alltag wieder Einzug hält, die rosaroten Flitterwochenwolken abgezogen sind und die Frauen beginnen, mit ihren kleinen Tricks die Herrschaft im Hause an sich zu reißen. Dabei hätten unsere Frauen, meine Herren, die Anwendung von Tricks überhaupt nicht nötig. Sie sind uns doch sowieso in allen Bereichen des Lebens überlegen. Auch schon beim Reden. Es ist erwiesen und errechnet vom Buddhistischen Standesamt – Verzeihung vom Statistischen Bundesamt in Wiesbaden – daß eine Frau in der Sekunde bzw. der Minute mehr spricht als ein Mann. In der Minute 60 Silben, der Mann nur 15. Das liegt daran, daß die Männer beim Reden auch noch denken.
Regen Sie sich nicht auf, meine Damen, ich spreche aus Erfahrung. Meine Frau spricht sehr viel. Als sie kürzlich beim Arzt war, hat der ihr ein Rezept geschrieben, ohne sie zu untersuchen. Daraufhin sagte sie:
»Aber Herr Doktor, Sie haben mich ja gar nicht untersucht? Sie haben noch nicht mal nachgesehen, ob meine Zunge belegt ist.«
»Das brauche ich nicht«, sagte der Arzt, »auf einer Rennbahn wächst kein Gras.«
Er kennt sie, und sie spricht wirklich viel. Als wir vor einiger Zeit morgens wach wurden, sagte sie zu mir, ich hätte im Schlaf gesprochen.
»Entschuldige«, sagte ich, »daß ich Dich unterbrochen habe.«
Aber das habe ich ja bereits gewußt, als wir verlobt waren. Auch da sprach sie so viel. Nur war das damals wesentlich einfacher. Wenn meine damalige Braut eine lange Rede losgelassen hat und ich wollte sie bremsen, bin ich hin und habe sie geküßt, so daß sie auf der Stelle ruhig war. Das kann ich heute gar nicht mehr machen. Wenn ich ihr heute einen Kuß gebe, schwätzt sie an den Ecken weiter.

Aber zurück zu den kleinen Tricks, mit denen Frauen arbeiten. Ich habe es gerade vor einigen Tagen auf der Post erlebt. Ich hatte dort zu tun und sah dabei folgende Szene. Die Tür vom Postamt ging auf und herein kam ein Ehepaar, das schon sehr lange verheiratet war. Man hat das gleich gesehen, denn er hat ihr die Flügeltür ins Gesicht

schlagen lassen, und dann stellte er sich am Schalter an, direkt hinter einem süßen jungen Mädchen. Nun, er suchte ein bißchen die Tuchfühlung, was nicht einfach war, da er einen ziemlichen Schaschlikfriedhof vor sich hertrug. Und hier sollten die jungen Männer nicht grinsen. Auch sie werden in das Alter kommen, da sie einen Bauch haben. Das Metallalter. Das werden Sie kennen. Dann haben Männer Silber in den Haaren, Gold in den Zähnen und Blei in den Knochen. Nun, wenn ein Mann in diese Jahre kommt, dann kommt er schnell zu einem mehr oder weniger dicken Bauch. Er steht dann unter der Brause und die Füße werden nicht mehr naß. Und so ging es auch jenem Mann im Postamt. Er stand also hinter dem Mädchen, hinter ihm stand seine Widerstandsbewegung, und da dreht sich das Mädchen plötzlich rum, haut ihm eine Ohrfeige herunter und sagt:
»Das ist eine Unverschämtheit, mein Herr, mich einfach hier hinten reinzuzwicken.«
Der Mann rieb sich seine Backe, drehte sich zu seiner Frau um und sagte:
»Ich verspreche Dir, Hanna, ich habe sie nicht gezwickt.«
Da sagte seine Frau mit süffisantem Lächeln:
»Das weiß ich Oskar, das war ich gewesen.«

Mal ehrlich, meine Damen, haben Sie so hinterhältige Methoden nötig? Kein Wunder, wenn ein Mann bei solchen Dingen gekränkt und verärgert ist. Und hat er noch an einem Freitag geheiratet und ist nur ein bißchen abergläubisch, wird er alles auf diesen Tag schieben. Obwohl das Unsinn ist. Denn auf die Frage, die mal an einen Standesbeamten gestellt wurde, ob Ehen, die am Freitag geschlossen werden, besonders unglücklich werden, hat dieser geantwortet:
»Warum soll denn der Freitag eine Ausnahme sein?«
Nein, man sollte von Anfang an darauf achten, daß man eine schöne Frau heiratet, denn dann hat man bestimmt die Gewißheit, daß sie uns ein anderer später wieder abnimmt.

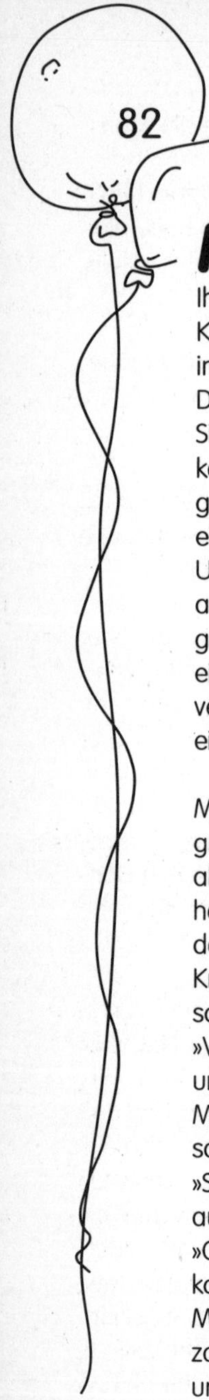

SPIEL MIT DEM FEUER

Meine Damen, wenn der Mann einmal ein bißchen zu anderen Schönen hinguckt, dann sollten Sie das nicht überbewerten. Ihnen geht es ja nicht viel anders. Schauen Sie, wenn Sie sich ein neues Kleid kaufen, dann gehen Sie vorher durch die Stadt, schauen solange in jedes Schaufenster, bis Sie glauben, »Ihr« Kleid gefunden zu haben. Das kaufen Sie, das tragen Sie nach Hause, und trotzdem schauen Sie beim Nachhauseweg in alle Schaufenster, an denen Sie vorbeikommen und in denen Kleider hängen. Sie haben ein Kleid, Sie wollen gar kein anderes Kleid haben, aber – Sie gucken trotzdem. Sie wollen eigentlich nur mal gucken, was es auf diesem Gebiet noch Neues gibt. Und so geht es auch Ihrem Mann. Er hat Sie. Er will gar niemand anderes haben. Er ist ja froh, daß er Sie hat, aber – er will nur mal gucken, was es auf diesem Gebiet noch Neues gibt. Daß man bei einem solchen Spiel mit dem Feuer sich natürlich auch mal die Finger verbrennen kann, versteht sich am Rande. Und wenn die Versuchung einmal kommt, na meine Herren, wie verhalten Sie sich?

Mir ist vor einiger Zeit einmal folgendes passiert. Ich war in einer großen Stadt, hatte dort Vorstellung und zwar am Nachmittag, war also abends frei. Ich saß in einem kleinen gemütlichen Restaurant, hatte gut gegessen, und auf einmal sah ich sie. Eine tolle Frau, die dauernd herüberguckte. Ich merkte, wie mir ganz warm und der Kragen zu eng wurde. Und dann kam sie auf meinen Tisch zu. Sie sagte:
»Verzeihen Sie, mein Herr, ich glaube Sie sind fremd in dieser Stadt, und da wollte ich fragen, ob Sie heute abend schon etwas vorhaben?«
Mein Adamsapfel hüpfte aufgeregt auf und ab, ich schluckte und sagte:
»Sie haben recht, meine Gnädigste, ich bin nicht von hier und ich habe auch nichts Besonderes vor.«
»Oh«, sagte sie, »dann würden Sie vielleicht mit in meine Wohnung kommen?«
Mein zustimmendes »Ja« klang wie eine verrostete Gießkanne. Wir zahlten und gingen zu einem Taxi. Wir landeten in einer stillen Straße, und sie nahm mich mit in ein mehrstöckiges Wohnhaus, wir gingen

hinauf in den zweiten Stock, sie klingelte und – es öffnete ein Mann. Zu ihm sagte sie:
»Stell Dir vor, Liebling, was ich für ein Glück habe. Dieser Herr hat heute nichts Besonderes vor und wird sicher gerne bei unserem Baby bleiben, bis wir aus dem Kino zurück sind.«
Meine Enttäuschung muß ich Ihnen nicht schildern.

Als ich vor einiger Zeit einen Bekannten traf, der mit Blumen, Parfüm, Pralinen und diversen kleinen Geschenken beladen war, fragte ich ihn:
»Wozu kaufst Du solche Sachen?«
Daraufhin sagte er:
»Laß mich nur, manche Männer beginnen, wenn sie in ein bestimmtes Alter kommen, sich nach neuen, grünen Weiden umzusehen. Ich dachte, es ist gescheiter, die, die ich habe, fleißig zu begießen.«

Wenn Männer zusammen verreisen, z. B. mit ihren Kegelclubs oder anderen Vereinen, oder wenn sie sich in der Kur zusammentun, ist es klar, daß es nur ein Thema gibt, nämlich das Thema Nr. 1. Und da kann es schon passieren, daß Männer, die sich sonst gerne nur mit ihrer »langjährigen Weide« beschäftigen, auch plötzlich einmal sehen wollen, wie die Töchter anderer Müller sind. Und wenn es auch nur ein bißchen »Hinüber und Herüber« ist. Auch ich saß während einer Tournee einmal in einem kleinen Gasthaus in einem bayrischen Dörfchen. Als die hübsche Kellnerin an meinen Tisch kam, sagte ich zu ihr:
»Was ist es ja heute für ein schönes Wetter.«
Daraufhin sie:
»Ich weiß, aber ich kann Ihnen bestätigen, daß es gestern auch schön war, und morgen wird es sicher auch wieder schön, mein Name ist Gritli, ich weiß, daß ich eine tolle Figur habe, daß ich sehr hübsch bin, ich Augen wie ein Bergsee habe, mein Haar weizenblond ist und daß ich mich hier wohl fühle und mir nicht zu schade bin, Kellnerin zu sein. Darüber hinaus weiß ich nicht, was man hier als Fremder anstellen kann, und wenn ich es wüßte, würde ich mit Ihnen bestimmt nicht dorthin gehen, weil mein Bräutigam sehr eifersüchtig ist und außerdem Mittelgewichtsmeister der Amateurboxer ist. Mein Vater aber, der Wirt dieses Hauses, war einmal bayrischer Meister im Freistilringen und hat erst vorige Woche einen Gast, der mich belästigte, hinausgeworfen. Er liegt im Krankenhaus, und es geht ihm schon

etwas besser. Und nun sagen Sie mir, was ich Ihnen bringen soll.«
»Wenn das so ist«, sagte ich resigniert, »dann bringen Sie mir eine Limo.«

Besonders wenn sie beim Bier oder Wein sitzen, brüsten Männer sich gerne mit ihren amourösen Erfolgen. So zwei standen einmal an einer Theke, sie hatten sich schon öfter getroffen, und da sagte der eine plötzlich:
»Sagen Sie mal, mögen Sie eigentlich dicke Frauen, solche, die sich nicht pflegen, die unsauber sind, nicht kochen können und außerdem jede Gelegenheit benutzen, mit anderen Männern anzubandeln?«
»Um Gottes willen, nein«, sagte der andere, »das ist ja entsetzlich.«
»Sehen Sie«, sagte der erste wieder, »dann begreife ich nicht, wie es möglich ist, daß Sie seit einem halben Jahr hinter meiner Frau her sind.«

Manchmal haben solche Seitensprünge natürlich auch völlig unerwartete Folgen. Nein, nein, nicht so wie Sie meinen! Diesmal waren die »Folgen« ganz anderer Art. Aber hören Sie selbst.
Es waren in dieser Geschichte zwei Vertreter in Landmaschinen, die einmal infolge einer Panne mit ihrem Wagen auf einem abseits gelegenen Bauernhof übernachten mußten. Die junge, hübsche Bäuerin ließ an dem Abend durchblicken, daß sie noch unverheiratet sei und ganz allein den Hof bewirtschafte. Sie bot den beiden Männern ihr Schlafzimmer zum Übernachten an und schlief selbst im kleinen Gästezimmer.
Sechs Monate später, als die beiden Vertreter sich morgens zur Arbeit trafen, zog der eine einen Brief aus der Tasche und sagte:
»Sag mal ehrlich. Als wir vor einem halben Jahr auf diesem Bauernhof übernachtet hatten, bist Du da mal heimlich ins Gästezimmer geschlichen?«
»Das muß ich zugeben«, sagte der andere verlegen.
»Und hast Du da etwa meinen Namen angegeben, nachdem Du das Schäferstündchen genossen hattest?«
»Auch das habe ich getan«, sagte der zweite wieder, »und hoffentlich bist Du mir nicht böse.«
Da sagte der erste wieder lächelnd:

»Aber gar nicht, mein Lieber, stell Dir vor, die junge Bäuerin ist letzte Woche gestorben und hat mir den Bauernhof und 100 000 Mark hinterlassen.«

Nun rede ich immer von den Seitensprüngen der Männer, dabei sind Frauen in dieser Richtung nicht weniger aktiv. O ja, meine Damen.
Man erzählt sich nämlich folgende Geschichte. Als der liebe Gott einmal davon hörte, daß Männlein und Weiblein so oft auf der Erde Abenteuer suchten, da war er sehr erzürnt und rief den Petrus. Böse fragte er ihn, warum denn alle Menschen, und vor allem die Frauen, es mit der Treue nicht so genau nähmen. Da sagte Petrus:
»Aber Chef, natürlich gibt es das, aber es ist übertrieben anzunehmen, daß alle Ehefrauen ihre Männer betrügen.«
»Meinst Du?« sagte der liebe Gott. »Wenn das so ist, dann wollen wir aber die treuen Ehefrauen alle einmal belohnen. Schicke ihnen ein schönes Paket, über das sie sich freuen werden.«
Gesagt, getan. Petrus verschickte an alle treuen Ehefrauen wunderschön verpackte Geschenkpakete. Und wissen Sie, meine Damen, was da drin war? Hallo, meine Damen! Ich fragte, ob Sie wissen, was da drin war? Sie wissen es nicht? Na sagen Sie, haben Sie denn kein Paket bekommen?«

Sicher hat auch Frau Michels keines bekommen. Bei ihr war nämlich folgendes passiert. Als ihr Mann abends von der Arbeit heimkam, saß sie splitternackt auf dem Kleiderschrank.
»Was machst Du denn da oben«, fragte er, »ich denke, wir wollen ins Theater. Warum bist Du noch nicht umgezogen?«
»Ich habe nichts anzuziehen«, weinte seine Frau, »ich kann nicht mit ins Theater gehen.«
»Was«, sagte der Mann und öffnete den Kleiderschrank. »Du hast nichts anzuziehen. Bitte, hier sind Deine Kleider: das rote, das gelbe, das blaue, das grüne, guten Tag, Wolfgang, das gestreifte und noch viele, viele mehr.«

Schließen wir das Thema mit der erstaunlichen Feststellung zweier Männer. Als zwei Frauen daherkamen, sagte der eine Mann:
»Links, das ist meine Frau, rechts, das ist meine Freundin.«
»Interessant«, sagte der andere, »bei mir ist's grad' umgekehrt.«

FREMDWÖRTER SIND GLÜCKSSACHE

Man sagt ja manches Mal, daß die physische Leistungsfähigkeit nicht unbedingt auch ein paar Stockwerke darüber ihren Niederschlag findet. Dabei ist man allzuleicht geneigt, ein bißchen zu verallgemeinern.

Trotzdem gab mir einmal eine Begebenheit in einem Zug zu denken. Dort drinnen saßen ein kräftiger Naturbursche, dem man allerdings ansah, daß er nicht für die Erfindung des Pulvers verantwortlich war, und ein etwas schmächtiges Kerlchen, wahrscheinlich ein Student, wie man aus den Büchern, in denen er las, unschwer erkennen konnte. Dieser junge Mann erhob sich also plötzlich, um das Fenster ein bißchen zu öffnen. Aber soviel er auch zog und zerrte, das Fenster ging nicht einen Deut auf. Da stand der Naturbursche auf, ein Ruck, und das Fenster war offen. Stolz zeigte er auf seine Muskeln, deutete verächtlich auf die Bücher und sagte:

»Sehn Sie, mein Freund, da muß man's haben (deutete auf die Muskeln) und nicht da (deutete auf den Kopf).«

Na ja, ein bißchen ärgerte sich der junge Mann schon, aber da ging ein verschmitztes Grinsen über sein Gesicht, er stand wieder auf und hängte sich (scheinbar) mit aller Kraft an die Notbremse. Auch da war der Kraftprotz wieder zur Stelle, ein Zug, und mit bremsenden Rädern kam der Zug zum Stehn. Die Tür ging auf, der Schaffner kam herein, sah die Notbremse und fragte:

»Wer hat die Notbremse gezogen?«

Der junge Mann deutete auf den anderen, und der Schaffner sagte:

»Sie, das ist verboten, das kostet 100 Mark Strafe.«

Der »Schwerathlet« zahlte murrend, und da sagte der junge Mann:

»Sehn Sie, da muß man's haben (deutete auf den Kopf) und nicht nur da (deutete auf die Muskeln).«

Aber man sagt ja immer wieder voller Verallgemeinerung, daß gerade die Sportler der Athletik in dieser Richtung besonders anfällig wären. Dagegen muß ich mich wehren, wenn es auch hier und da

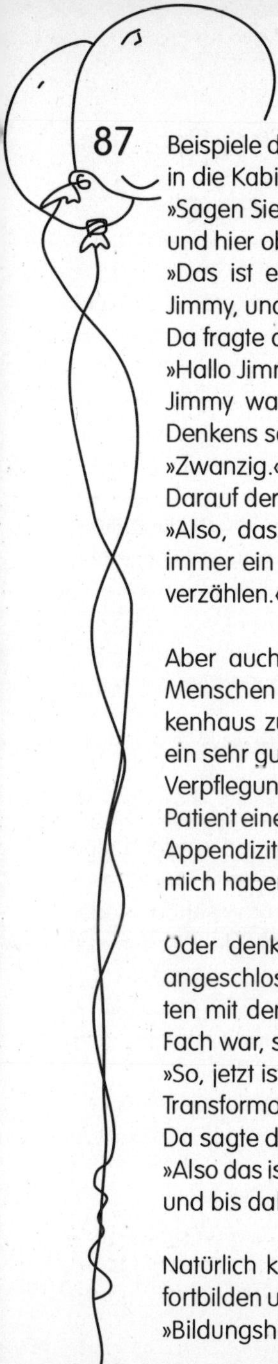

Beispiele dafür gibt. So kam eines Tages ein Journalist zu einem Boxer in die Kabine und sagte zum Trainer:
»Sagen Sie mal, man sagt immer, Ihr Jimmy hätte es in den Fäusten, und hier oben wäre nichts.«
»Das ist eine üble Verleumdung«, sagte der Trainer. »Komm her, Jimmy, und beantworte die Fragen, die die Presse Dir stellt.«
Da fragte der Journalist:
»Hallo Jimmy, wieviel ist drei mal sieben?«
Jimmy war am Überlegen. Nach einigen Minuten angestrengten Denkens sagte er:
»Zwanzig.«
Darauf der Trainer:
»Also, das müssen Sie entschuldigen. Vor einem Kampf ist Jimmy immer ein bißchen nervös. Und da kann man sich schnell um zwei verzählen.«

Aber auch mit den Fremdwörtern (siehe Überschrift) stehen viele Menschen nun einmal auf dem Kriegsfuß. Als Meier aus dem Krankenhaus zurückkam, sagte er seinen Stammtischbrüdern, daß dies ein sehr gutes Krankenhaus gewesen sei. Schwestern nett, Ärzte gut, Verpflegung bestens, und alle waren sehr lustig. So hatte z. B. jeder Patient einen Spitznamen: »Mein linker Nachbar hatte den Spitznamen Appendizitis, mein rechter Nachbar hatte den Spitznamen Ulkus, und mich haben sie Delirium tremens genannt.«

Oder denken Sie an die kleine Gemeinde, die an das Stromnetz angeschlossen werden sollte. Die Herren vom E-Werk kamen, berieten mit dem gesamten Gemeinderat, und als alles unter Dach und Fach war, sagte der Beauftragte der Elektrizitätsgesellschaft:
»So, jetzt ist alles geklärt, jetzt brauchen wir noch einen Platz für den Transformator.«
Da sagte der Bürgermeister:
»Also das ist kein Problem. Der kann ein paar Monate bei mir wohnen, und bis dahin haben wir eine Wohnung für ihn.«

Natürlich kann man gegen diese Dinge etwas tun. Man kann sich fortbilden und z. B. die Volkshochschule besuchen. Von einem solchen »Bildungshungrigen« erzählt die nachfolgende Geschichte.

88 Auf der Straße trafen sich zwei alte Bekannte. Der erste begrüßte den zweiten mit den Worten:

»Ich finde es frappierend, daß wir uns einmal wiedersehen. Das sollten wir ruhig ein bißchen öfter praktizieren.«

»Menschenskind«, sagte der andere, »warum sprichst Du so geschwollen?«

»Ich bilde mich.«

»Wie machst Du das?«

»Ich besuche zweimal in der Woche eine Volkshochschule. Dienstag und Donnerstag.«

»Und was lernst Du da?«

»Alles, was Du nicht weißt.«

»Na, na, hau nicht so auf den Putz. Frage mich drei Fragen. Und wenn ich sie nicht beantworte, gehe ich ab sofort mit Dir in die Volkshochschule.«

»Also«, sagte der erste: »was ist eine Marone?«

»Das«, antwortete der andere, »ist eine alte Frau.«

»Unsinn«, sagte der andere wieder, »was Du meinst, ist eine Matrone. Aber weiter. Was weißt Du von Liszt?«

»Das ist ein Tanz, wo sich die Kleider innen abwetzen.«

»Falsch, Du meinst Twist. Liszt ist ein Komponist. Doch nun die dritte Frage. Was weißt Du von Nero?«

»Jetzt weiß ich's«, sagte der Befragte, »das ist der Hund meiner Hauswirtin.«

»Nein«, meinte der Fragende, »das ist ein römischer Kaiser.«

»Dann weißt Du sicher auch, wer Plappermann ist?«

»Nein«, sagte der erste, »den kenne ich nicht.«

»Den solltest Du kennen. Der kommt immer zu Deiner Frau, wenn Du in der Volkshochschule bist.«

JAWOHL, HERR JÄGERMEISTER

Was ich wohl damit meine, werden Sie sich fragen. Nun, Sie werden es gleich wissen. Ein Autofahrer, der wegen einer Ordnungswidrigkeit von einem Polizisten angehalten worden war, antwortete auf die Fragen des Beamten immer mit:
»Jawohl, Herr Jägermeister.«
Das wurde mit der Zeit dem Polizisten zu dumm, und er fragte ihn:
»Was soll denn dieser Unsinn mit ›Herr Jägermeister‹?«
Daraufhin sagte der Mann:
»Sie müssen entschuldigen, aber immer, wenn ich eine grüne Flasche sehe, muß ich an Jägermeister denken.«

Was der Polizist darauf geantwortet hat, weiß ich nicht, aber ich meine, so negativ sollte man die Arbeit eines Polizisten natürlich nicht beurteilen. Ich komme viel herum und lerne Polizisten – so oder so – kennen. In einer Großstadt, in der ich einmal zu tun hatte, fuhr ich mit meinem Wagen immer um den Veranstaltungssaal herum, ohne einen Parkplatz zu finden. Dann stellte ich meinen Wagen einfach irgendwo ab und hängte einen Zettel an die Windschutzscheibe mit den Worten:
»Wenn ich noch länger nach einem Parkplatz suche, verliere ich meine Arbeit, deshalb: Vergib uns unsere Schuld.«
Als ich nach vier Stunden herauskam, hing ein Zettel der Polizei an meiner Windschutzscheibe mit den Worten:
»Wenn ich Sie nicht aufschreibe, verliere ich meine Arbeit, deshalb: Führe uns nicht in Versuchung.«
Eine nette Art, Geld zu kassieren, und ich habe fast ein bißchen schmunzeln müssen. Vor allem fand ich diesen Polizisten netter als jenen anderen, der in meiner Heimatstadt einmal sehr streng mit mir umgegangen war.
Ich war also abends noch einmal mit meinem Hund runtergegangen. Sie müssen wissen, daß ich so einen kleinen Straßenkreuzer habe, und als ich so mit ihm über die Straße ging, merkte ich auf einmal, daß die Leine so schwer wurde. Ich dreht mich um, und was sah ich? Die

ganze »hinterlistige« Bescherung lag auf dem Bürgersteig. Sie sollten nicht lachen, denn ich war wirklich ratlos. Versuchen Sie mal, eine Zahnpasta wieder in die Tube zu drücken, wenn sie schon rausgedrückt ist. Ähnlich erging es mir.
Und da kam ein Polizist, sah das da liegen und sagte:
»Das kostet 20 Mark.«
»Das können Sie umsonst haben«, antwortete ich.
»Ich meine, daß der Hund da hingemacht hat, das kostet 20 Mark.«
»Und wenn ich nicht bezahle?«
»Dann nehme ich die Sache in die Hand.«
»Und dann?«
»Dann legt sich mein Vorgesetzter da rein!«
»Und dann?«
»Und dann ist das ein Fressen fürs Gericht.«

Nun habe ich natürlich auch des öfteren einmal Ärger wegen meines Wagens. Ich muß natürlich zugeben, daß es kein neuer Wagen ist. Nun bin ich ein Mensch, der seinen Wagen nicht zur Imagepflege benötigt, wie ich schon einmal sagte, aber in vielen Familien ist er ja das Wichtigste überhaupt. Und da bei den heutigen Benzinpreisen das Fahren doch sehr teuer geworden ist, überlegt man sich so manche Spritztour erst einmal gründlich. D. h. man sollte sie sich überlegen.
Als ich kürzlich einmal einkaufen war, stand eine Dame vor mir an der Theke, und als der Verkäufer fragte, ob sie heute keine Butter wolle, sagte sie:
»Nein, ich habe schon Margarine, wir müssen tanken.«

Das ist ja das große Problem unserer Zeit, daß viele Menschen Geld ausgeben, das sie nicht haben, um Dinge zu kaufen, die sie nicht brauchen, um damit Leute zu ärgern, die sie nicht leiden können.
Und dann die ganzen Unfälle, die auf uns zukommen können. Deshalb habe ich auch hier und da meine Reisen auf die Schiene verlegt. Wissen Sie übrigens, warum mit der Bahn weniger passiert als mit dem Auto? Das kommt mit Sicherheit daher, daß Sie noch nie erlebt haben, daß ein Zugführer versucht, während der Fahrt den Heizer zu küssen. Außerdem lernt man bei den Fahrten mit der Bahn auch Menschen kennen. Und können Sie sich ein größeres Reservoir an

Geschichten für die Bühne vorstellen als die Gesamtheit der Menschen? Ich nicht.
In der Bahn z. B. spielte sich einmal folgende Szene ab. Zwei Männer, die im Abteil saßen, gerieten in Streit wegen des Fensters. Der eine machte es auf, weil er keine Luft bekam – Asthma, wie er sagte – der andere machte es wieder zu – wegen des Zuges – Bronchialkatarrh, wie er sagte. Also, auf jeden Fall, der eine hoch, der andere runter. So ging es hin und her, bis der Schaffner kam und fragte, was los sei. Als man ihm das erklärte, sagte er:
»Regen Sie sich nicht auf. Es ist jeden Tag das gleiche. Deshalb machen wir gar kein Glas mehr rein.«

Aber eine der reizendsten Geschichten, die sich in der Bahn zugetragen haben sollen, ist meines Erachtens die Geschichte einer Mutter mit ihrer 19jährigen Tochter. Die beiden saßen nebeneinander im Abteil, gegenüber ein junger Mann, ein Amerikaner und ein Bauer. Nun fuhr der Zug in einen Tunnel, es wurde dunkel, und man hörte im Dunkeln das Geräusch eines Kusses und anschließend das Klatschen einer Ohrfeige. Als der Zug wieder ins Helle fuhr, dachten die fünf Insassen alle über dasselbe nach. Und doch dachte jeder etwas anderes.
Die Mutter dachte:
»Donnerwetter, meine Tochter ist gut erzogen. Der junge Mann hat sie im Dunkeln geküßt, aber sie hat ihm eine Ohrfeige gegeben.«
Das junge Mädchen dachte:
»Schade, der junge Mann wollte mich küssen, hat aber im Dunkeln die Mutti erwischt und hat sich eine Ohrfeige von ihr eingehandelt.«
Der junge Mann dachte:
»Diese Amerikaner glauben auch, sie können sich alles herausnehmen. Der hat im Dunkeln das Mädchen geküßt, hat aber Gott sei Dank eine Ohrfeige bekommen.«
Der Amerikaner aber dachte:
»Das ist ja nicht zu glauben. Der junge Mann küßt das Mädchen, und ich bekomme die Ohrfeige.«
Nur der Bauer hat gegrinst und gedacht:
»Das ist prima gegangen; wenn jetzt wieder ein Tunnel kommt, dann gebe ich mir wieder auf den Handrücken einen Kuß und knall dem Ami noch eine.«

Irgendwo haben wir ja alle schon mal mit den Hütern des Gesetzes Diskussionen gehabt, weil die Ansichten über Übertretungen auseinandergegangen sind. Sicher haben aber noch nicht alle Fahrer Bekanntschaft mit dem »Röhrchen« gemacht. Und da lassen Sie mich noch zum Schluß folgendes sagen.

Ein Ehepaar mit Kind, das von einem Ausflug nach Hause kam, geriet in eine Polizeikontrolle. Vater mußte ins Röhrchen pusten. Als es sich verfärbte, protestierte der Vater und vermutete, daß es nicht in Ordnung sei. Seine Frau solle blasen. Auch da verfärbte es sich. Da sagte der Vater:

»Die Dinger sind kaputt. Lassen Sie meinen neunjährigen Jungen blasen, und Sie werden sehen, daß es auch verfärbt wird.«

Genauso war es, und der Polizist war wirklich der Meinung, daß die Röhrchen einen Defekt haben würden. Er entschuldigte sich, Vater fuhr weiter, und da sagte der Filius auf dem Rücksitz:

»Gell Papa, es war doch gut gewesen, daß ich vorhin beim Wegfahren in der Wirtschaft alle Gläser leer getrunken habe?«

93 URLAUBSGESCHICHTEN

Immer wenn die Urlaubszeit vorbei ist und die Kollegen, Freunde und Bekannte sich treffen, wird die Frage gestellt:
»Wo warst denn Du dieses Jahr?«
Und dann wird erzählt. Ich habe hier mal in ein Vereinslokal hineingehört, worüber sich die Männer unterhalten haben und was sie erlebten. Einer von Ihnen war in Ägypten gewesen. Bei einem Bummel durch den Basar der Altstadt lief ständig ein kleiner Junge neben ihm her, der mit Händen und Füßen bedacht war, ihm eine Haarspange für seine Frau anzudrehen. Zuerst beachtete er ihn nicht, doch als es ihm zuviel wurde, sagte er:
»Jetzt laß mich in Ruhe. Ich habe gar keine Frau.«
Einen Moment nur überlegte der Junge, dann sagte er:
»Okay, ich besorge Dir eine Frau.«

Einer aus der Runde erzählte, daß er dieses Jahr mit der Bahn in den Süden gefahren war. In Heidelberg stieg ein Mann ein, stellte sich vor und sagte:
»Gestatten Sie, ich heiße Watzmann.«
»Ich kenne Sie«, sagte der andere. »Ich kenne Sie schon von Berchtesgaden her.«
Als der Mann ihn fragte, wohin er fahren würde, antwortete er:
»Ich fahre zunächst einmal nach Zürich.«
»Toll«, sagte der andere, »wie das heute mit der Technik ist. Sie wollen nach Zürich, ich will nach Hannover. Wir sitzen im selben Zug, im selben Abteil, nur mit dem Unterschied, daß Sie vorwärts und ich rückwärts fahre.«

Einer der Männer, ein gewisser Knietschke, war in Paris gewesen. Er erzählte, wie diese Stadt ihn begeistert habe. Alle sprechen französisch, sogar die Straßenkehrer, und wenn man ganz oben auf dem Chapeau Claque steht und schaut hinunter auf die Seine, das ist bezaubernd. Dann, so erzählte er, sei er in ein Café gegangen. Dort habe er eine reizende Frau kennengelernt. Da er aber sehr schlecht französisch spricht und diese Dame nur wenig Deutsch konnte, habe man sich mit kleinen Zeichnungen verständigt:

»Erst«, sagte er, »hat sie ein Sektglas gemalt. Da haben wir Sekt getrunken. Dann hat sie eine Geige gemalt, da haben wir getanzt, dann hat sie ein Bett gemalt, und ich weiß bis heute noch nicht, woher sie gewußt hat, daß ich Möbelhändler bin.«

Die Runde amüsierte sich köstlich. Und da sagte Ferdinand, der in England gewesen war:
»Auch ich habe etwas ganz Tolles erlebt. Paßt auf. Ich war ja, wie ihr wißt, allein in Urlaub. Ich bin mir doch ein bißchen einsam vorgekommen, und als ich in London eines Tages eine Fahrt nach Canterbury machte, fragte ich auf dem Bahnhof einen Mann, wie man denn mal eine nette Frau kennenlernen und gegebenenfalls auch eine nette Nacht verbringen könnte.
›Das ist doch ganz einfach‹, sagte der Mann, ›Sie fahren nach Rochester, und wenn Sie aus dem Bahnhof kommen, werden Sie eine ganze Menge netter Frauen sehen, die ihre Männer von der Arbeit abholen wollen. Da die aber immer vorher noch in die Kneipe gehen, sind die Frauen verärgert und nehmen gerne mal ein kleines Abenteuer mit.‹
Ich fuhr also mit dem Zug, verpaßte den Bahnhof Rochester, dachte aber, daß das, was in Rochester geht, sicher auch in Canterbury klappen würde. Ich stieg also in Canterbury aus – und richtig: Da saß eine bildhübsche Frau und wartete anscheinend auf ihren Mann. Ich sprach sie an, sie bot mir in ihrer Wohnung eine Erfrischung an, und als eine Stunde später ihr Mann auftauchte, begrüßte er seine Frau nur ganz kurz und böse und sagte zu mir:
›Und was Sie angeht, habe ich Ihnen gesagt, Sie sollen in Rochester aussteigen.‹

Großes Gelächter ringsumher, und dann erzählte Karl, wie es ihm dieses Jahr in einem kleinen norwegischen Fischerdorf gegangen war. Er hatte also bei einem Spaziergang am Sonntag auch den Gottesdienst besucht. Wenn er auch nicht die Landessprache beherrschte, so glaubte er doch, daß dies beim Gottesdienst nicht so wichtig wäre. Er saß also in der Kirche mitten unter der Bevölkerung, und als der Pfarrer kurz vor Ende noch eine Bemerkung machte, sah er, daß der vor ihm sitzende Mann aufstand. Als er dessen Beispiel folgte, ging ein aufgeregtes Flüstern durch die Kirche. Als er den Gottesdienst verließ, stand der Pfarrer an der Tür und er fragte ihn:

»Verzeihen Sie, Herr Pfarrer, verstehen Sie Deutsch?«
»Ja«, sagte der, »ich war 10 Jahre in Hildesheim.«
»Das freut mich«, sagte Karl, »aber warum haben denn die Leute so geraunt, als Sie gegen Ende des Gottesdienstes noch etwas sagten?«
»Ja«, sagte der Pfarrer lächelnd, »da Sie kein Norwegisch sprechen, will ich es Ihnen sagen. Ich habe der Gemeinde verkündet, daß morgen eine Kindtaufe stattfindet, und ich forderte den Vater auf, aufzustehen. Und da standen Sie ebenfalls auf.«

Die aufregendsten Erlebnisse aber hatte Kurt. Er war in den Urlaub geflogen. Und da hatte er folgendes mitgemacht. Die Maschine mußte notwassern, und da sagte der Flugkapitän:
»Meine Damen und Herren. Hier spricht Ihr Flugkapitän. Wie Sie sehen, mußten wir eine kleine Notwasserung vornehmen, aber ich möchte Sie bitten, ganz ruhig zu bleiben. Wir wollen etwas Ordnung in die Angelegenheit bringen. Deshalb bitte ich alle Schwimmer auf der rechten Tragfläche auszusteigen, alle Nichtschwimmer bitte auf der linken. Ich möchte mich bei dieser Gelegenheit von allen Nichtschwimmern verabschieden und hoffe, der Flug mit uns hat Ihnen gefallen.«

Nun war nur noch Peter mit seinen Erlebnissen am Zuge. Er war in Karlsbad gewesen und besuchte dort natürlich auch einmal das Kurkonzert. Er saß also im Kurpark neben einer Dame, und das Orchester spielte die Abschiedssymphonie von Haydn. »Ihr wißt ja«, sagte Peter, »daß bei dieser Symphonie ein Musiker nach dem anderen das Podium verlaßt, solange bis alle verschwunden sind. Als nun während des Konzertes ein Musiker nach dem anderen aufstand und das Podium verließ, beugte sich die Dame zu mir herüber und flüsterte mir ins Ohr:
»Ja, ja, das Karlsbader Wasser ...«
Und dann erzählte er, daß dieses Wasser tatsächlich eine erstaunliche Wirkung habe.
»Ich saß eines Morgens in dem Kurpark auf einer Bank und las die Zeitung. Auf einmal kam ein Mann angerannt und riß mir die Zeitung aus der Hand, um mit ihr im Gebüsch zu verschwinden.«
»Halt«, rief ich ihm nach, »mein Morgenblatt!«
»Tut mir leid«, rief er aus dem Gebüsch heraus, »auf die Abendzeitung kann ich nicht mehr warten.«

Unser Tip

(**0030**-1) Hrsg. Dr. Allos,
96 S., 8 s/w-Zeichn., kart.
DM 12,80, S 99,–, SFr 13,80

(**0035**-2) Hrsg. P. Kramer,
96 S., kartoniert.
DM 12,80, S 99,–, SFr 13,80

(**0005**-0) Von T. Müller,
112 S., kartoniert.
DM 14,80, S 119,–, SFr 15,80

(**0006**-9) Von K. Lehnhoff,
96 S., kartoniert.
DM 12,80, S 99,–, SFr 13,80

Möller VERLAG

Witz, Humor und gute Laune